博物馆可移动文物保护研究

雷静 / 著

吉林文史出版社

图书在版编目（CIP）数据

博物馆可移动文物保护研究 / 雷静著. — 长春：
吉林文史出版社，2024. 7. — ISBN 978-7-5752-0382-1

Ⅰ. G264

中国国家版本馆 CIP 数据核字第 2024Z68A80 号

博物馆可移动文物保护研究
BOWUGUAN KEYIDONG WENWU BAOHU YANJIU

出 版 人	张　强	
著　者	雷　静	
责任编辑	李延勇	
出版发行	吉林文史出版社	
地　址	长春市福祉大路 5788 号	
邮　编	130117	
电　话	0431-81629364	
印　刷	武汉鑫佳捷印务有限公司	
开　本	710mm×1000mm　　1/16	
印　张	12.875	
字　数	220 千字	
版　次	2024 年 7 月第 1 版	
印　次	2024 年 7 月第 1 次印刷	
书　号	ISBN 978-7-5752-0382-1	
定　价	68.00 元	

前　言

　　博物馆作为文化传承的载体，承载着丰富的历史和文化遗产，其中可移动文物更是其珍贵的组成部分。然而，可移动文物的保护面临着多方面的挑战和困难，尤其是在今天这个信息快速传播的时代。因此，对博物馆可移动文物的保护研究，不仅是对文化遗产的负责，也是对后人的承诺。

　　本书对博物馆可移动文物保护的背景、意义、现状及相关理论、保护原则与技术方法、管理体系以及应急保护措施进行系统研究和探讨。通过对这些方面的研究，旨在为博物馆可移动文物的保护工作提供理论指导和实践参考，促进文物保护工作的规范化、科学化和专业化。

　　在可移动文物的分类和特征章节中，笔者将对可移动文物进行定义和分类，并分析不同类型文物的特征及其保护需求，为后续研究提供基础理论支持；在博物馆可移动文物保护现状调查的章节中，笔者将对国内博物馆可移动文物的收藏与管理情况进行调查分析，揭示存在的主要问题与挑战，为后续研究提供实证数据支持；在可移动文物的保护原则与理念章节中，笔者将探讨可移动文物保护的基本原则，深入探讨文物保护与传承的理念，并遵循伦理与道德准则，确保保护工作的科学性和公正性；在博物馆可移动文物的保护技术与方法章节中，笔者将分析文物材质与特性，建立保护环境，探讨文物修复与修复技术，以及文物储存与展示技术，为文物保护提供技术支持；在博物馆可移动文物的保护管理章节中，笔者介绍了构建文物保护管理体系，制定保护管理规章制度，培训保护人员并提升其技能水平，确保保护工作的科学性和规范性；在可移动文物的应急保护与应对措施章节中，笔者介绍了评估灾害风险，制定预防措施，制定应急保护方案，并进行危机管理和文物抢救救援工作，确保文物在突发事件中得到有效保护。

通过对以上各个章节的系统研究和探讨，本书旨在为博物馆可移动文物的保护实施提供科学指导和实践参考，推动文物保护工作的进一步发展，促进文化遗产的传承与发展。

目 录

第一章 绪论

第一节 研究背景和动机

一、当代社会文物保护的重要性

（一）文物是文明的见证和传承

文物作为文明的见证和传承，承载着人类历史和文明的丰富内涵，具有不可替代的重要性。它们是过去时光的凝结，记录着人类社会的发展轨迹，是我们与过去相连的桥梁和窗口。

第一，文物作为历史的见证，见证了人类文明的起源和演变。通过文物，我们可以窥见古代人类的生活方式、社会结构、技术水平等方面的情况，了解古代文明的辉煌与衰落。古代遗留下来的器物、建筑、文字等，都是我们了解古代文明的重要依据，如我国的兵马俑等文物都是历史的见证。

第二，文物承载着丰富的文化内涵，反映了不同民族、地区和各历史时期的文化特色和精神风貌。每一件文物都是一段文化的记忆，通过它们，我们可以了解不同文化背景下的艺术、宗教、价值观等方面的内容。例如，古代绘画、雕塑、音乐等艺术作品，都是文化传统的重要体现，反映了当时社会的审美观念和艺术水平。

第三，文物还是艺术的载体，承载着人类创造力和智慧的结晶。通过文物的研究，我们可以了解到不同历史时期的艺术风格、创作技法以及艺术家的思想感情。古代的雕刻、绘画、陶瓷等艺术品，展示了人类对美的追求和创造力的表现，对今人的艺术修养和审美观念都具有深远的影响。

第四，文物对于人类文明的传承具有重要意义。通过对文物的保护、研究和传承，我们可以将历史文化的珍贵财富传递给后人，使其得以永久保存和传承。

文物不仅是过去的遗产，更是未来的宝藏，它们承载着人类文明的记忆和智慧，激励着我们不断向前发展。

（二）国家和民族的文化认同

文物保护不仅仅是对物质遗产的关怀和保存，更是国家和民族文化认同的重要体现。文物作为历史的见证者和传承者，承载着国家和民族的文化基因和精神血脉。因此，文物保护关乎国家和民族的文化认同和自豪感。

第一，文物是国家和民族历史的重要象征。通过文物，人们可以窥见国家和民族的兴衰荣辱、文明起源和发展历程。这些文物见证了国家和民族的历史变迁，是国家和民族文化传承的有力证据。例如，中国的故宫、长城、龙门石窟等文物景观，都是中国文化的象征，代表着中国悠久的历史和灿烂的文明。

第二，文物保护体现了对国家和民族文化自信和尊严的维护。一个国家的文物保护状况，直接反映了该国家对自身文化的重视程度和文化自信程度。通过保护好自己的文物，国家和民族展示了自己的文化底蕴和自信心，树立了良好的国家形象。相反，如果国家对文物保护不力，不仅会导致文化遗产的流失和破坏，也会影响到国家形象和文化软实力的提升。

第三，文物保护还承载着对自身文明传承的责任和承诺。作为前人留下的珍贵遗产，文物是对过去文明的延续和传承。保护好这些文物，不仅是对先人的尊重和致敬，更是对后人的责任和承诺。只有通过认真的文物保护工作，才能将国家和民族宝贵的文化遗产传承给后代，为未来的发展奠定坚实的文化基础。

（三）人类共同的文化遗产

文物不仅仅是某个国家或民族的文化遗产，更是全人类的共同财富。它们的重要性不仅在于记录和传承着各个国家和民族的历史、文化和艺术，更在于作为全人类共同的文化遗产，代表着人类文明的共同成就和智慧积累。因此，文物的保护事关全人类的利益。

第一，文物作为全人类的共同财富，超越了国界和民族的界限。它们是人类共同的历史见证，记录着人类文明的起源和发展。无论是古代的文物遗址、艺术品、手工艺品，还是现代的科技发明和创新成果，都承载着人类的智慧和创造力。这些文物不仅仅属于某个特定的国家或民族，而且属于全人类，是全球文明的共同遗产。

第二，文物的保护对于维护全人类的文化多样性和文化认同具有重要意义。

各个国家和民族之间的文化交流和互动，使得人类文明呈现出了丰富多彩的多样性。而文物的保护不仅能够保留和传承各个国家和民族的独特文化传统，还能够促进文化交流与对话，加深各国人民之间的相互理解与尊重。通过共同保护文物，可以增强人类的文化认同感和归属感，促进全球文化和谐与共融。

第三，文物的保护也与人类的可持续发展和未来利益息息相关。许多文物所承载的自然与人文环境信息对于科学研究和环境保护具有重要意义。例如，古代遗址中的地质、气候和生态环境信息，对于研究人类社会与自然环境的关系、气候变化等具有重要参考价值。因此，文物的保护不仅是对过去文明的尊重和传承，更是对未来人类社会可持续发展的重要保障。

二、研究动机

（一）博物馆作为文物的重要承载者

博物馆作为文物的主要承载者在文化遗产的保护和传承中扮演着至关重要的角色。作为文化的仓库和展示场所，博物馆为各种类型的文物提供了妥善的保护和管理环境，涵盖了绘画、雕塑、器物、古籍等丰富多样的文物类别。这些文物不仅仅是历史的见证，更是人类文明发展的重要记录和见证。

博物馆的职责不仅在于收藏和保护文物，更在于向公众展示和传播文物的价值和意义。通过举办展览、举办讲座、出版图录等多种方式，博物馆将文物的历史、艺术和文化内涵传达给观众，激发他们对文物的兴趣和理解。这种文物的展示和教育活动有助于增强人们对自己文化传统的认同感和自豪感，促进文化传承和发展。

博物馆还扮演着文化交流和对话的重要平台。通过举办国际性的展览和文化活动，博物馆促进了不同国家和民族之间的文化交流与合作，促进了文化多样性的维护和共享。这种跨文化的交流和对话有助于打破文化壁垒，增进人类之间的理解和友谊，推动全球文化的繁荣与进步。

（二）保护面临诸多挑战

博物馆可移动文物的保护面临着来自多方面的严峻挑战，这些挑战对于文物的安全和保护构成了重大威胁。

首先，自然灾害是对文物保护的一大考验。自然灾害如火灾、地震、洪水等常常不可预测，一旦发生就可能导致文物的损毁和丢失。火灾可能会烧毁文物，地震可能会导致文物的崩塌，洪水可能会淹没文物，这些灾害给文物的保存带来了极大的不确定性和风险。

其次，人为破坏也是文物保护面临的重要问题。盗窃、盗掘、非法贩卖等违法行为经常发生，给文物的安全和完整性造成了严重威胁。有些文物因为其历史、稀有性或者价值而成为盗贼们觊觎的目标，博物馆和收藏单位需要加大安保力度，采取有效措施保护文物的安全。

最后，文物流失也是一个不容忽视的问题。特别是在国际的文物交流和流动中，文物的流失情况时有发生。不法分子可能通过各种途径将文物非法转移出境，导致文物流失，这给文物的保护带来了极大的难度和挑战。

博物馆可移动文物的保护面临着自然灾害、人为破坏和文物流失等多方面的严峻挑战。为了有效应对这些挑战，需要博物馆和相关部门加大监管力度，增强文物保护意识，加强安全防范措施，建立健全的保护体系，保障文物的安全和完整性。

（三）蕴含着保护与传承机遇

尽管博物馆可移动文物的保护面临着诸多挑战，但在这些挑战之中也蕴含着宝贵的保护与传承机遇。随着科技的不断进步和跨界合作的加强，博物馆可移动文物的保护领域正迎来新的发展机遇。

第一，数字化技术的发展为文物的保护和传承提供了全新的可能性。现代数字化技术可以将文物以高分辨率的图像和详细的数据进行数字化记录和保存，实现对文物的虚拟展示和长期保存。通过数字化技术，不仅可以实现对文物的立体展示和多角度观赏，还可以在不同时间和地点进行远程访问，实现文物的共享与传承。这种虚拟展示不仅能够扩大文物的观众群体，还能够有效地保护文物，避免了长期的物理接触和损坏。

第二，跨界合作为文物保护带来了新的思路和方法。国际的文化交流与合作有助于共同应对文物保护面临的挑战，实现文化遗产的共享与传承。通过与其他国家和地区的博物馆、研究机构进行合作，可以共享资源、经验和技术，共同开展文物保护项目，提高保护水平和效率。例如，联合举办国际性的文物展览、开展联合考古调查和保护项目，都是跨界合作的重要方式，有助于促进文物保护和传承的国际化和专业化。

总的来说，尽管博物馆可移动文物的保护面临着各种挑战，但随着数字化技术的发展和跨界合作的加强，也为文物保护带来了新的机遇和前景。通过充分利用现代科技手段和加强国际的合作与交流，可以更加有效地保护和传承博物馆可移动文物，实现文化遗产的共享与传承，促进人类文明的繁荣与发展。

第二节　研究目的和意义

研究目的和意义旨在系统研究博物馆可移动文物的保护实施，以期为文化遗产的保护与传承做出积极贡献，并为相关领域提供理论指导和实践参考。

一、研究的具体目标与意义

深入探讨可移动文物的分类及特征：通过对博物馆可移动文物进行分类和特征分析，可以更好地理解其在文化遗产中的地位和价值，为后续保护工作提供理论基础。

（一）分析可移动文物的保护需求

通过对不同类型文物的保护需求进行分析，可以有针对性地制定保护措施，提高保护工作的有效性和针对性。

（二）调查国内博物馆的保护现状

通过调查国内博物馆可移动文物的保护现状，可以全面了解目前的保护工作存在的问题和挑战，为未来的改进提供参考。

（三）探讨保护原则与技术方法

借鉴现有的保护原则和技术方法，探讨适合博物馆可移动文物的保护策略和技术手段，为实际保护工作提供指导。

（四）构建保护管理体系

建立科学合理的文物保护管理体系，包括规章制度、人员培训等方面，以确保文物的长期保护和管理。

（五）制定应急保护措施

针对突发事件和灾害情况，制定科学有效的应急保护方案，保障文物的安全和完整性。

通过实现上述目标，本书将为博物馆可移动文物的保护工作提供理论指导和实践经验，推动文物保护工作的规范化、科学化和专业化。

二、对文化遗产保护与传承的贡献

博物馆可移动文物的保护不仅是对文化遗产的责任，更是对后人的承诺。这些文物作为历史的见证者，承载着丰富的历史、文化和艺术信息，对于理解人类文明的发展历程至关重要。因此，保护这些文物就是在保护人类的文化记忆，是对过去的尊重，也是对未来的承诺。

深入研究博物馆可移动文物的保护实施，有助于有效地保护和传承人类文明的精华。通过系统的研究和分析，可以更好地理解不同类型文物的特点和保护需求，为制定科学的保护方案提供依据。同时，通过对现有保护技术和方法的总结和探讨，可以为保护实践提供有效的指导，提高保护工作的效率和质量。

本书的研究成果将为相关从业者提供宝贵的经验和借鉴。在博物馆管理者、文物保护专家、文化遗产研究者等各个领域的工作者中，对于博物馆可移动文物的保护工作都有着重要的参考价值。研究结果将帮助他们更好地理解文物保护的理论和实践，提高保护工作的水平和能力。

本书还将推动文物保护工作的不断创新与进步。随着社会的发展和科技的进步，文物保护工作也在不断发展和演变。通过对保护实施的系统研究，可以发现现有工作中存在的问题和不足，为未来的工作提供改进和完善的方向。同时，研究过程中涌现出的新技术、新方法也将为文物保护工作带来新的思路和机遇。

第三节 研究现状及相关理论概述

一、国内博物馆可移动文物保护研究现状概述

（一）文物保护技术研究

在文物保护技术方面，国内研究人员致力于探索文物的材质特性、老化机制以及有效的保护措施。例如，针对不同材质的文物，开展了多种修复技术的研究与应用，如文物修复的材料、工艺等方面的研究。

（二）管理规范与制度建设

国内各级博物馆在可移动文物保护管理方面，逐渐建立了一系列的管理规范与制度。这些规范和制度涵盖了文物的收藏、保管、展示、运输等各个环节，为博物馆管理者提供了具体的操作指南。

（三）应急预案与抢救救援

针对自然灾害、人为事故等突发事件，国内博物馆积极开展应急预案和抢救救援工作。建立了紧急预警系统、抢救队伍，并制定了一系列应急保护措施，提高了应对突发事件的能力。

（四）科研成果与学术交流

一些科研机构和高校开展了可移动文物保护的科研项目，积极推动了相关理论和技术的进步。同时，还举办了学术会议、研讨会等形式的学术交流活动，促进了学界和业界的合作与交流。

二、相关理论的综述与分析

（一）文物保护的基本原理

文物保护的基本原理包括尊重文物的真实性和完整性、优先采取防护性保护措施、尊重文物材料的本质特征等。这些原理为文物保护工作提供了基本指导。

（二）文物修复与保护技术

文物修复与保护技术是保护实践的重要组成部分。其核心思想是在尊重文物原有状况的基础上，采用科学的修复技术和材料，使文物得到有效的保护和修复。

（三）博物馆管理规范

博物馆管理规范涉及博物馆的各个方面，包括对文物的收藏、保管、展示、研究等环节的规范要求。这些规范为博物馆保护工作提供了制度性保障。

（四）应急保护措施

应急保护措施是针对突发事件而采取的紧急保护措施，其核心是尽快有效地保护文物的安全。这些措施包括建立应急预案、组建应急抢救队伍、制定抢救方案等。

第四节　研究方法论

一、研究方法选择与论证

（一）方法选择的考量

1. 定性与定量方法的选择

在研究博物馆可移动文物保护实施过程中，需要综合考虑定性和定量方法的优势，以全面了解问题的本质。定性方法可以帮助深入理解可移动文物的特点、保护需求和管理模式，而定量方法则有助于量化分析文物损坏程度、风险评估等。

2. 实地调研与案例分析

结合实地调研和案例分析的方法，可以更加深入地了解国内外博物馆可移动文物保护的实际情况和经验。实地调研可以直接观察博物馆文物保护的实践过程，而案例分析则可以借鉴其他博物馆成功的保护经验和策略。

3. 专家访谈与问卷调查

通过专家访谈和问卷调查的方式，可以获取专业人士对于博物馆可移动文物保护的看法和建议。专家访谈可以深入探讨专业性问题，获取专家的经验和见解，而问卷调查则可以对广大从业者进行大范围的调查，获取更广泛的数据。

（二）方法论证的依据

1. 研究目标的匹配

选择的研究方法必须与研究目标相匹配。在确定研究方法时，需明确研究目标是获取定性的深度理解还是定量的数据分析，以及是否需要结合实地调研或案例分析等。

2. 资源与条件的考量

考虑到研究过程中的资源限制和条件限制，需选择适合的研究方法。例如，如果研究经费有限，可能难以进行大规模的问卷调查，此时可以选择重点进行专家访谈和案例分析。

3.研究问题的复杂性

针对研究问题的复杂性和多样性，需要灵活运用多种研究方法进行综合分析。比如，针对文物保护的技术问题，可以采用实地调研和专家访谈；针对管理体系的建设问题，可以采用案例分析和问卷调查。

二、研究的可行性与局限性

（一）可行性分析

1.数据获取渠道

通过博物馆合作、专家访谈、文献调研等多种途径获取研究所需数据，确保研究数据的可靠性和全面性。

2.研究团队支持

建立专业的研究团队，包括文物保护专家、博物馆管理者、学者等，共同合作完成研究任务。

3.资源保障

确保研究所需的人力、物力和财力资源充足，以支持研究的顺利进行。

（二）局限性分析

1.时间限制

研究周期有限，可能无法对所有相关问题进行深入探讨和分析。

2.数据获取困难

一些相关数据可能难以获取，例如一些机密性较高的博物馆内部资料，可能无法获得充分的数据支持。

3.研究方法局限性

选用的研究方法可能存在局限性，例如专家访谈可能受到个人主观因素的影响，问卷调查可能存在回收率低等问题。

三、研究路线

本书研究路线包括以下几个关键步骤：

前言

第一章绪论
- 研究背景和动机
- 研究目的和意义
- 研究现状及相关理论概述
- 研究方法论

第二章可移动文物的分类和特征
- 可移动文物的定义与范畴
- 可移动文物的分类及其特征
- 不同类型文物的保护需求分析

第三章博物馆可移动文物保护现状调查
- 国内博物馆可移动文物的收藏与管理情况
- 可移动文物保护存在的主要问题与挑战

博物馆可移动文物保护研究

第四章可移动文物的保护原则与理念
- 可移动文物保护的基本原则
- 文物保护与传承的理念探讨
- 可移动文物保护遵循的道德准则

第五章博物馆可移动文物的保护技术与方法
- 文物材质与特性分析
- 保护环境的建立与维护
- 文物修复与修复技术
- 文物储存与展示技术

第六章博物馆可移动文物的保护管理
- 文物保护管理体系构建
- 文物保护管理规章制度
- 文物保护人员培训与技能提升

第七章可移动文物的应急保护与应对措施
- 灾害风险评估与预防措施
- 突发事件下的文物应急保护方案
- 危机管理与文物抢救救援

参考文献

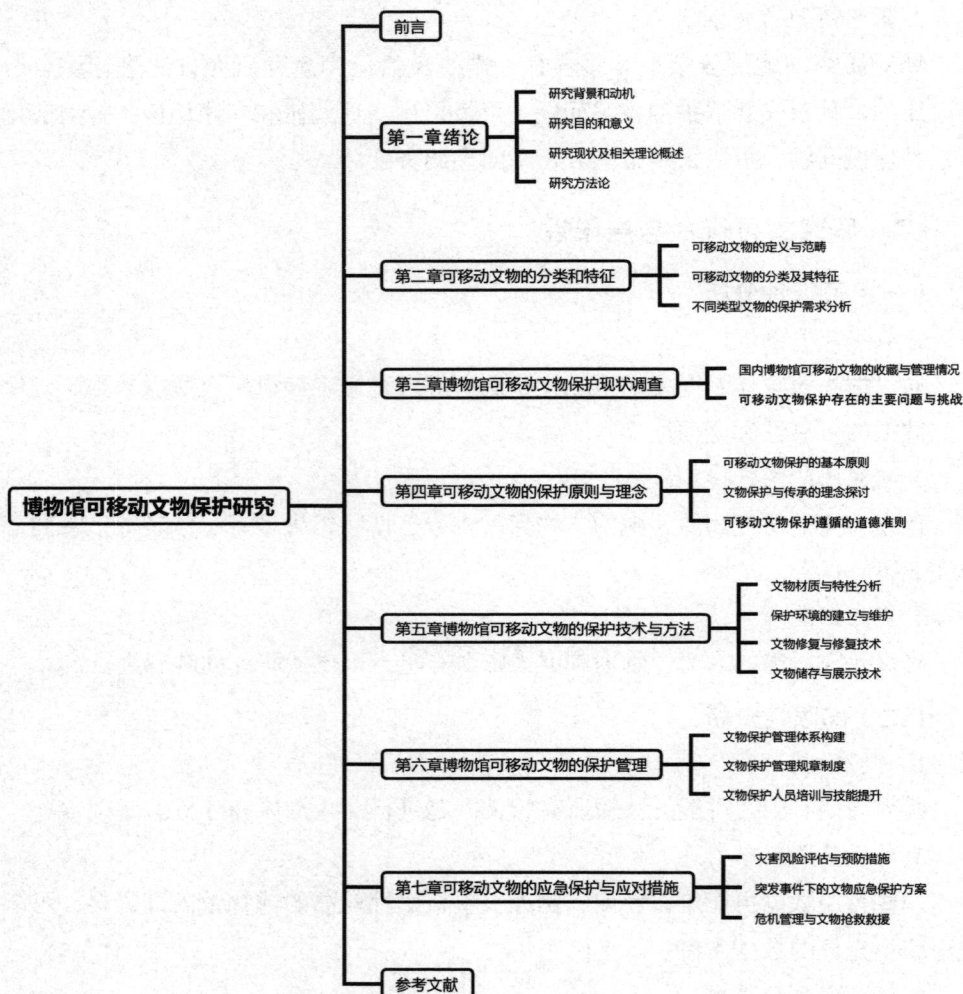

图 1-1　本书研究路线图

第二章　可移动文物的分类和特征

可移动文物是人类创造的具有历史、艺术、科学和社会价值的物品，其分类和特征对于文物保护和研究具有重要意义。本章将探讨可移动文物的分类和特征，并分析不同类型文物的保护需求（见图2-1）。

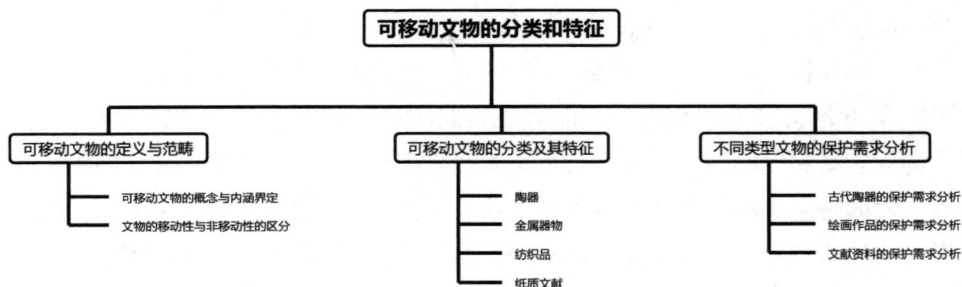

图 2-1　可移动文物的分类和特征架构图

第一节　可移动文物的定义与范畴

一、可移动文物的概念与内涵界定

（一）可移动文物的定义

可移动文物通常指那些可以在不破坏其完整性的情况下移动或搬运的文物。这一概念涵盖了丰富多样的实物文物，包括但不限于书画、雕塑、器物、纺织品、工艺品等。同时，也包括了与这些实物相关的档案资料、图书资料等。可移动文物的定义不仅涵盖了实体的特征，还考虑了与文物相关联的资料，这使得其范畴更为全面和丰富。

1. 概念界定

可移动文物的概念界定涉及文物的性质和移动性，通常指那些可以在不破坏其完整性的情况下进行移动或搬运的文物。这一概念覆盖了各种类型的实物文

11

物，其涵盖面十分广泛。可移动文物的范畴包括但不限于书画、雕塑、器物、纺织品、工艺品等，这些物品以其独特的形态和材质展现着人类历史和文化的丰富内涵。除了实体文物外，还包括了与这些实物相关的档案资料、图书资料等，这些资料与实体文物密切相关，通过对它们的研究和整理，可以更好地理解和解读文物本身的意义和价值。

可移动文物的定义不仅仅是对实物的界定，还包含了与文物相关联的资料，这使得其范畴更为全面和丰富。因此，从狭义上看，可移动文物指的是那些可以移动搬运的实物，而从广义上看，它还包括了与这些实物相关的一切资料。这种广泛的概念界定使得对文物的保护和管理更加全面和有效，有助于实现文物的传承与发展。

在文物保护工作中，对可移动文物的概念界定具有重要意义。只有准确理解和界定了可移动文物的范畴，才能有效地制定相应的保护措施和管理策略，确保文物的安全和完整性。同时，对于文物研究和展览也是至关重要的，通过全面了解文物的特点和相关资料，可以更好地展示其历史、文化和艺术价值，促进人们对文物的认知和理解。因此，可移动文物的概念界定不仅是文物保护工作的基础，也是文化遗产传承与发展的重要前提。

2. 实体文物的特征

可移动文物中的实体文物具有一系列共同的特征，这些特征反映了它们作为文化遗产的重要性和独特性。首先，实体文物通常具有一定的体积和重量，使得它们不易长时间固定在一个地方。这种特点使得文物在历史上常常被迁移、流动或搬运，从一个地方转移到另一个地方，因此承载着丰富的历史信息和文化内涵。

其次，实体文物往往具有独特的历史、文化或艺术价值，代表着特定历史时期或文化背景下的社会生活和艺术风格。例如，古代的器物和雕塑常常承载着当时社会的生活习俗和政治制度等方面的信息，具有重要的历史和文化意义。通过对这些文物的研究和展示，人们可以更加深入地了解过去的社会和文化，从而促进对历史的理解和文化传承的意识。

实体文物可能会存在一定的易损性，需要特殊的保护和管理措施来确保其保存和传承。由于文物的材质、制作工艺以及保存环境等因素的影响，文物往往容易受到自然因素或人为破坏的影响，导致其逐渐老化、磨损甚至毁坏。因此，保护实体文物需要制定科学的保护计划和措施，包括环境控制、定期检查和修复等，以确保文物的长期保存和传承。

3. 相关资料的涵义

除了实体文物外，可移动文物的范畴还包括了与这些实物相关的资料，这些资料对于理解和保护文物的丰富内涵具有重要意义。所谓相关资料，主要包括两个方面：一是与文物本身历史、文化背景相关的档案资料，二是与文物研究、展览相关的图书资料。

首先，档案资料是指与文物本身历史、文化背景密切相关的记录性文献资料，包括历史文献、考古报告、收藏档案等。这些资料记录了文物的来源、流传、用途等重要信息，为研究文物的历史渊源和社会背景提供了重要线索。通过对档案资料的研究，可以还原文物的历史轨迹和文化意义，深入挖掘文物背后的故事和价值。

其次，图书资料是指与文物研究、展览相关的书籍、期刊、论文等文献资料。这些资料涵盖了对文物进行系统研究和解读的理论、方法和成果，为深入理解文物的意义和价值提供了重要参考。通过阅读相关的图书资料，可以了解到文物的艺术特点、文化背景、保护技术等方面的知识，为文物的保护、研究和展览提供了理论支持和实践指导。

相关资料作为可移动文物的重要组成部分，对于理解和保护文物的丰富内涵具有不可替代的作用。它们通过记录和阐释文物的历史、文化、艺术等方面的信息，为人们深入理解文物的意义和价值提供了重要依据。因此，将相关资料纳入可移动文物的范畴，有助于全面地理解和保护文物的丰富内涵，推动文物保护工作的深入开展和持续发展。

（二）可移动文物的内涵

可移动文物所涵盖的范畴极为广泛，其内涵不仅仅局限于实物本身，还包括了与这些实物相关联的历史、文化、艺术价值等方面。这些文物承载着丰富的历史信息和文化内涵，是人类文明的珍贵遗产。

1. 历史价值

可移动文物记录了人类社会各个历史时期的生活、文化和技术发展，是历史研究的重要资料。

（1）历史资料的珍贵性

可移动文物作为历史资料，记录了人类过去的生活和社会发展。这些文物可以是古代器物、书籍、手稿、绘画等形式，通过它们我们可以了解古人的生活方式、社会制度等方面的信息。

（2）历史事件的见证者

很多可移动文物都是历史事件的见证者，比如历代帝王的御制文物、重要战争中的兵器装备等。它们通过传世至今，向后人展现了那个时代的风貌和文明成就。

（3）文物考古与研究

可移动文物也是考古学研究的重要对象。考古学家通过对这些文物的发掘、分类、研究，可以还原出古代社会的面貌，揭示出人类文明的起源和发展过程。

（4）历史文化的传承与弘扬

可移动文物承载了丰富的历史文化，通过对其的保护、传承和弘扬，可以促进人们对历史的认知和文化传统的传承。

2. 文化价值

可移动文物代表了不同地域和民族的文化传统和风貌，是文化多样性的重要体现。

（1）文化多样性的体现：

可移动文物来自不同地域、不同民族，反映了世界各地丰富多彩的文化传统和历史风貌。这些文物包括了各种艺术作品、传统工艺品等，展现了人类文化的多样性和丰富性。

（2）民族文化的传承与弘扬

可移动文物承载了民族文化的精髓和传统，通过对其的保护和传承，可以促进民族文化的传承与弘扬，增强民族凝聚力和自豪感。

（3）文化交流与融合

可移动文物作为文化的载体，促进了不同文化之间的交流与融合。在历史上，各种文物的流动和交换，推动了各地文化的相互影响和融合，形成了丰富多彩的文化交流史。

（4）文化遗产的保护与传承

可移动文物作为文化遗产的重要组成部分，需要得到社会各界的保护与传承。只有通过有效的保护措施，才能确保这些珍贵文物得以保存下来，为后人传承。

3. 艺术价值

可移动文物包含了丰富的艺术创作，展示了人类的艺术才华和审美追求，具有重要的艺术价值。

（1）艺术创作的精华

可移动文物涵盖了绘画、雕塑、工艺品等多种艺术形式，展示了人类的艺术才华和审美追求。这些文物中包含了许多艺术大师的作品，是艺术史上的珍品。

（2）审美价值的体现

可移动文物通过其精美的艺术表现形式，展示了人类对美的追求和创造力。这些文物不仅具有历史和文化的内涵，更具有审美价值，给人们带来美的享受和心灵的震撼。

（3）艺术技法的传承与创新

可移动文物记录了不同时期、不同地域的艺术技法和风格特点，通过对其的研究和学习，可以促进艺术技法的传承与创新，丰富艺术创作的内涵和形式。

（4）艺术市场的推动与发展

可移动文物的艺术价值不仅仅是一种审美体验，也在一定程度上推动了艺术市场的发展和繁荣。许多珍贵的可移动文物成为艺术市场上的抢手货，它们的交易不仅推动了艺术品的价格与价值的稳步增长，还促进了艺术品市场的繁荣与活跃。

此外，可移动文物作为艺术品的一种，也成了世界各地博物馆、美术馆、私人收藏家的收藏对象。这些收藏品不仅丰富了收藏者的文化底蕴，更通过展览和借展活动，让更多人有机会欣赏到这些珍贵的艺术品，从而推动了艺术文化的传播与交流。

4. 教育价值

通过可移动文物的展示和解读，人们可以了解历史、学习文化，拓展知识面，促进文化交流与理解。

（1）历史教育的载体

可移动文物是历史教育的生动载体，通过展示历史时期的物品和文物，可以让学生们更加直观地了解历史事件、历史人物和历史背景，激发他们对历史的兴趣和探索欲望。

（2）文化传承的教材

可移动文物承载了丰富的文化内涵，通过对其进行解读和研究，可以向学生传授文化知识，促进文化传承和传统文化的弘扬。

（3）审美教育的重要途径

可移动文物作为艺术品的一种，是审美教育的重要途径。通过欣赏和研究文物中的艺术表现形式和艺术技法，可以培养学生的艺术鉴赏能力和审美情趣。

（4）跨文化交流的桥梁

可移动文物来自不同地域和不同文化背景，通过对其展示和解读，可以促进不同文化之间的交流与理解，培养学生的跨文化交流能力和国际视野。

二、文物的移动性与非移动性的区分

（一）可移动文物的特点

1. 明显的移动性

可移动文物具有明显的移动性，这一特征赋予了它们在文化传承和展示方面独特的优势。相比于固定不动的文化遗址或建筑物，可移动文物通常具有相对较小的体积和重量，使它们能够在不破坏其完整性的情况下进行搬运和迁移。这包括了书画、雕塑、器物等多种形式的艺术品和历史遗物。正是因为这种便捷的移动性，博物馆和文化机构得以灵活地调整展览布局，根据不同的主题或观众需求随时更换展品，为观众提供了更加多样和丰富的文物展示体验。

这种移动性也为文物的保护和保存提供了便利。在自然灾害、战争等不可抗力因素的威胁下，将文物迁移到安全地带成为保护文物的有效手段之一。例如，在战争时期，许多博物馆和文化机构将珍贵的文物转移到远离战区的地方，避免其遭受损失或破坏。而在平时，也可以定期对文物进行搬运和轮换展示，减少其暴露在光线、湿度等环境因素下的损害，延长其保存寿命。

除了在展示和保护方面的优势，可移动文物的移动性还促进了文化交流和合作。由于文物可以相对轻松地跨越国界进行借展和交流，因此各国之间的文化交流得以更加密切。国际的博物馆合作展览、文物交换等活动不仅丰富了各国博物馆的藏品，也促进了各国文化的交流与理解。同时，通过合作研究和共同保护，各国可以共同分享和保护人类共同的文化遗产，实现文明的共同繁荣。

2. 灵活性的管理和布展

可移动文物的特点决定了在博物馆等场所的管理和布展具有一定的灵活性。管理者需要根据文物的特点、保护需求以及展览的主题和目的，采取不同的管理和展示方式，以最大限度地展示文物的历史、文化和艺术价值。

第一，对于易损性较高的文物，管理者需要采取严格的保管措施，以确保其安全。这可能包括控制光线、温湿度等环境因素，定期进行检查和维护，以及采取必要的防盗和防火措施。在展览结束后，这些文物也需要及时归还到安全的存放地点，以避免长时间暴露在环境中造成的损害。

第二，在展览设计方面，可移动文物的灵活性为策展人员提供了更多的创意空间。他们可以根据展览的主题和情境，设计不同的展示方案和布局，使文物之间产生更加丰富的关联和对话。例如，可以根据时间顺序或主题将文物进行编排，也可以通过对比和对话的方式展示不同地域或文化间的异同。同时，策展人员还可以结合多媒体技术和互动展示手段，为观众提供更加生动、深入的展览体验。

可移动文物的灵活性还体现在展览的周期性和变化性上。管理者可以根据展览的周期和观众的反馈，定期更新展品，引入新的文物或调整展品的布局，使展览保持新颖和吸引力。这种周期性和变化性的展览设计不仅能够吸引更多的观众，也有助于展示文物的多样性和丰富性。

（二）不可移动文物的特点

1.固定于特定场所

与可移动文物相对应的是不可移动文物，这些文物由于体积庞大或固定于特定场所而不能轻易移动。不可移动文物包括建筑、遗址等，它们通常根植于特定的地理位置或环境中，具有独特的历史和文化意义。

首先，建筑是不可移动文物中最为显著的代表之一。建筑物作为人类文明的载体，承载着丰富的历史和文化内涵。从古代的宫殿、城堡到现代的教堂、博物馆，每一座建筑都是时代的见证者，记录着人类社会的发展和演变。这些建筑不仅是城市景观的一部分，更是文化遗产的重要组成部分，承载着人们对过去时代的回忆和对未来的期许。

其次，不可移动文物还包括了各种历史遗址和古代遗迹。这些遗址可能是古代城市的废墟、古代信仰场所的遗址，也可能是古代墓葬或考古遗址。这些遗址常常被视为历史的见证者，通过对它们的发掘和研究，可以揭示出古代社会的面貌和人类文明的起源。例如，埃及的金字塔、中国的长城、古罗马的斗兽场等，都是世界文明史上的重要遗址，吸引着全球各地的游客和学者前来参观和研究。

不可移动文物的固定于特定场所也为其保护和管理提出了挑战。建筑物需要定期地维护和修复，以防止其受到自然因素或人为破坏而损坏。同时，历史遗址和古代遗迹常常面临着盗掘和破坏的威胁，需要加强保护和监管措施，确保其能够得到有效的保护和传承。

2. 特殊的保护需求

不可移动文物由于其固定于特定场所，通常处于户外或建筑内部，因此受到的自然和人为威胁较大。这些威胁可能包括自然灾害如风暴、地震、洪水等，以及人为因素如盗窃、破坏等。面对这些威胁，保护不可移动文物需要采取特殊的保护措施，以确保其长期保存和传承。

首先，对于位于建筑内部的文物，加固建筑结构是一项关键的保护措施。建筑的稳固性直接关系到内部文物的安全，因此需要定期进行建筑结构的检查和维护，及时修复可能存在的裂缝、渗漏等问题，以防止由于建筑结构问题导致的文物损坏或丧失。

其次，对于位于户外的文物，建立防护设施是必不可少的。这些设施可能包括安装防护栏杆、摄像头监控、安保巡逻等，以防止文物遭受盗窃、破坏或恶意损害。同时，针对文物的特殊形态和材质，还可以考虑采取防水、防腐等特殊的保护措施，以应对不同的自然和环境因素对文物的影响。

对于一些易受环境影响的文物，如古代壁画、石刻等，还需要定期进行监测和维护。这可能包括定期的环境监测、清洁和修复工作，以及采取遮阳、湿度控制等措施，保持文物的原始状态和良好的保存状态。

第二节　可移动文物的分类及其特征

一、陶器

（一）特征与工艺历史

1. 特征

陶器作为人类最早的手工艺品之一，其特征在于其质地、表面和装饰等方面的独特表现。

首先，陶器的制作通常以黏土为主要原料，经过成型、干燥、烧制等多道工序而成。黏土的种类和含量不同，以及制作工艺的差异，导致陶器的质地多种多样，有的质地坚实而有力，有的则较为柔软。这种多样性使得陶器在形态和用途上具有了更广泛的选择空间，适应了不同需求的社会发展。

其次，陶器的表面经过打磨、抛光等处理，使其表面光滑细腻。这一特点不仅增加了陶器的观赏性，也提升了其实用价值。光滑的表面有助于保护陶器内部的物品，使其更加耐用，并为后续的装饰工作提供了良好的基础。这种表面处理也是对制作工艺的一种考验，需要工匠们的精湛技艺和细致耐心。

最后，陶器的装饰常常采用雕刻、刻画、绘画等手法，以各种纹样、图案装饰其表面，展现出丰富多彩的艺术效果。这些装饰不仅仅是对陶器表面的简单点缀，更是对当时社会文化、宗教信仰和审美趣味的生动表达。通过这些装饰，人们可以窥见古代文明的繁荣与兴盛，感受到不同文化背景下艺术的魅力和多样性。

2. 工艺历史

陶器的制作历史可以被追溯至史前时期，这是人类文明发展的早期阶段。最初的陶器通常是通过手工制作完成的（见图2-2），制作工艺相对简单，主要依靠手工捏塑、刻画、晾晒和自然干燥等方式完成。这些早期陶器往往形态简单，装饰简约，但已经展现出了人类对于工艺品的创造和表现欲望。

图2-2　手工做坯

随着时间的推移和技术的进步，陶器制作工艺逐渐发展和完善。窑烧技术的出现是一个重要的里程碑，使得陶器的质地更加坚实、表面更加光滑。窑烧技术的运用不仅提高了陶器的耐用性，也扩大了陶器的应用范围，使其更广泛地应用于日常生活、储存和宗教仪式等方面。

在陶器制作的漫长历史中，轮盘的使用是另一个重要的技术革新。轮盘的出现使得陶器制作工艺更加精湛，形态更加规整，装饰更加丰富。轮盘可以帮助陶工们更快速、更准确地制作陶器，并且可以实现对陶器形态的更精细控制，从而使得陶器的品质和艺术性得到了极大提升。

在古代各大文明古国，如中国、古埃及等，陶器制作都达到了相当高的水平。每个文明都发展出了独特的陶器制作工艺和艺术风格，反映了当时社会经济、文化和宗教等方面的特点和发展水平。陶器作为古代生活和文化的重要组成部分，承载着人类历史的记忆和文明的传承，在不同文明古国的陶器中，我们可以看到人类智慧和创造力的印记，也能够感受到古代文明的繁荣和辉煌。

（二）分类及功能

1. 形态分类

（1）陶罐

陶罐是一种常见的陶器形态，通常具有圆形或方形的外形，底部较为宽大，适合贮存粮食、液体等物品。陶罐的制作工艺精湛，容量较大，可以满足人们日常生活中对于储存的需求。在古代社会，陶罐是重要的储存容器，为人们储存粮食、油盐等物品提供了便利。

（2）陶壶

陶壶是一种常见的陶器形态，常见于茶具中。陶壶通常具有精美的外形和装饰，内部光滑平整，适合沏茶、煮水等用途。陶壶的制作工艺要求较高，需要具备精湛的技艺和对茶文化的理解。在中国，陶壶被视为茶文化的重要组成部分，不仅具有实用功能，也具有艺术和审美价值。

（3）陶盆

陶盆是一种常见的陶器形态，通常具有圆形或椭圆形的外形，边缘略微倾斜，适合盛放食物、洗涤等用途。陶盆通常制作工艺简单，但在古代社会起到了重要的生活功能。陶盆可以用于洗菜、洗果、盛放水果等日常生活中的各种场景，为人们的生活提供了便利。

2. 用途分类

（1）日常生活用品

陶器在日常生活中起到了重要的储存、烹饪、饮食等功能。陶罐、陶盆等常见陶器形态被广泛用于贮存粮食、液体，盛放食物等用途。陶壶则常被用于沏茶、煮水等。

（2）艺术装饰品

一些精美的陶器常被用作艺术品，具有收藏和观赏价值。这些陶器常常采用精湛的制作工艺和精美的装饰，成为艺术品市场中的热门商品。这些陶器不仅具有实用功能，还体现了陶器作为艺术品的独特魅力和价值。

二、金属器物

（一）特征与工艺历史

1. 特征

金属器物作为以金属为材料制成的器物，在其特征方面体现了材质的坚固耐用、表面的光滑亮丽以及装饰的精美多样等特点。

首先，金属器物常常由铜、铁、银、金等金属材料制成，这些材质具有较高的硬度和韧性，使得金属器物在使用过程中不易变形和损坏。这种坚固耐用的特性赋予了金属器物长久保存的能力，使其成为历史文化遗产中的珍贵一部分。

其次，金属器物的表面经过打磨、抛光等处理，常常呈现出光滑如镜的效果，具有较高的观赏性。这种光滑亮丽的表面不仅增加了金属器物的美感，也为其装饰提供了良好的基础。金属器物的表面质感通常能够直接展示出金属材质的质地和光泽，给人一种质感丰富的视觉享受。

金属器物的装饰通常采用铸造、锻造、雕刻等工艺，以各种纹样、图案装饰其表面，呈现出丰富多彩的艺术效果。这些装饰不仅仅是为了美化金属器物的外观，更多的是通过艺术手法传达出历史、文化等方面的意义。金属器物的装饰形式多样，有的可能是简单的几何图案，有的可能是栩栩如生的人物、动物图案，这些装饰往往代表着当时社会的审美观念和文化内涵，具有重要的历史和艺术价值。

2. 工艺历史

金属器物的制作历史可以追溯至古代文明时期，其发展经历了漫长而丰富的历史进程。最早的金属器物通常是手工制作的，其制作工艺相对简单，主要依靠人工的锻打、铸造等方式完成。在古代社会，人们使用简单的工具和技术，将金属加热、锻打成型，或者将熔化的金属注入模具中进行铸造，制作出各种形态的器物，如器皿、工具、武器等。

随着生产技术的不断进步和工艺的不断发展，人们逐渐掌握了更加先进的金属加工工艺，如冶炼、铸造、锻造等。这些技术的应用使得金属器物的制作工艺更加精湛，形态更加规整，装饰更加丰富。在金属冶炼方面，人们逐渐掌握了矿石的提炼和精炼技术，使得金属材料的纯度得到提高，制作出的器物更加坚固耐用。在铸造和锻造方面，人们不断改进工艺，引入了更加复杂的模具和工具，使得金属器物的形态更加多样化，质量更加稳定。

在古代各大文明古国，金属器物制作都达到了相当高的水平，成为当时生活和文化的重要组成部分。在古埃及，人们制作出了精美的黄金饰品和青铜器物，展现了深厚的金属工艺传统和文化底蕴。在美索不达米亚，铜器制作技术得到了较大发展，铸造出了大量的铜器器物，如鼎、壶等，用于生活和宗教仪式。而在中国，古代铸铜工艺也有着悠久的历史，出土的青铜器物不仅数量众多，而且工艺精湛，装饰繁复，成为中国古代文明的重要象征之一。

（二）分类及功能

1. 材质分类

（1）铜器

铜器是以铜为主要材料制成的器物，其在古代文明中扮演着重要的角色。铜器制作工艺精湛，常被用于制作各种鼎（见图2-3）、壶、铜镜等。

图2-3　夏代网格纹鼎

在古代，铜器是社会地位的象征，常被用于祭祀和礼仪活动中。铜器的制作工艺经过多次演变和提升，从最初的手工锻造到后来的铸造技术，使铜器的形态更加规整、工艺更加精湛。同时，铜器上常常雕刻着各种纹饰、图案，展现出了古代艺术的风采和精湛的技艺。

（2）铁器

铁器是以铁为主要材料制成的器物，其在冶金技术进步后得到广泛应用。铁器的制作工艺相比铜器更为复杂，但由于铁材料的硬度和耐磨性更高，因此铁器常被用于制作武器、工具等实用品。

在古代，铁器的出现极大地改变了人类的生产和生活方式，推动了农业、手工业和交通运输等方面的发展。铁器的使用范围广泛，包括锅具、器具、武器等，为古代社会的进步和发展做出了重要贡献。

3. 银器

银器是以银为主要材料制成的器物，具有较高的观赏性和贵重性。银器常常被用于制作餐具、首饰等，其光泽和质感赋予了其独特的魅力。

在古代，银器常被视为贵族和富人的奢侈品，用于炫耀财富和社会地位。银器的制作工艺要求较高，常常包括精细的雕刻和镶嵌等工艺，体现了匠人们的高超技艺和审美水平。

4. 金器

金器是以金为主要材料制成的器物，通常是奢华和珍贵的。金器常被用于制作贵重的装饰品、礼品等，具有较高的观赏价值和经济价值。

在古代，金器常被用于祭祀和皇家典礼等场合。其贵重的材料和精美的工艺体现了统治阶级的财富和地位，同时也反映了当时社会对黄金的崇拜和尊重。

2. 形态分类

（1）器具

器具是金属器物中最常见的形态之一，指以金属材料制成的各种日常生活用具。这些器具常被用于厨房、餐桌、工作场所等地方，满足人们日常生活和工作的需求。器具的制作工艺要求严格，既要考虑到实用性和耐用性，又要兼顾美观和造型设计。

在古代文明中，器具是社会生活中不可或缺的一部分。例如，中国古代的青铜器，如鼎、壶、盘等，既被用于祭祀活动，又被用于生活中的烹饪和饮食。这些器具的形态多样，有的简约大气，有的雕镂精美，展现了古代工匠的高超技艺

23

和审美水平。

（2）工艺品

工艺品是金属器物中的精品，指以金属为材料，通过精湛的加工工艺制成的艺术品。这些工艺品常常具有较高的观赏性和艺术价值，常被用于装饰和收藏。

在金属工艺品中，铜雕和铁艺是两种常见的形态。铜雕是指以铜为主要材料，通过锤击、雕刻等工艺制成的雕塑品。古代铜雕常用于制作神像、人物像、动物像等，其造型优美、形态逼真，展现了古代艺术家的审美追求和雕塑技艺。铁艺则是指以铁为主要材料，通过锻造、铸造等工艺制成的各种工艺品，如铁门、铁栏杆等。铁艺制品通常具有坚固耐用、线条简洁的特点，常被用于建筑装饰和园林景观中，展现了古代工匠的智慧和技艺。

（3）装饰品

装饰品是金属器物中的重要形态之一，指以金属为基材，制作成的用于人体装饰或环境装饰的物品。这些装饰品不仅具有实用性，还常常承载着文化、宗教和社会意义。

在古代社会中，装饰品常常被用于展示个人或家族的身份和地位。例如，古埃及的金首饰、中国古代的金冠、银饰等，都是古代人们常用的装饰品。这些装饰品常常以精湛的工艺和独特的造型吸引人们的目光，成为文化传承和审美交流的重要载体。

3. 用途分类

（1）生产用途

金属器物在各种生产活动中发挥着不可替代的作用。首先，铁器常被用于工业生产中的机械制造和建筑施工中。例如，铁锤、铁钉、铁锹等工具在建筑和农业领域广泛使用，铁砧和铁锯等机械设备则是金属器物在工业生产中的重要代表。其次，铜器常被用于农业生产中的农具制造。古代农业社会中，铜锄、铜镰等铜制农具是农民们日常耕种的重要工具，展现了金属器物在生产领域的实用性和重要性。

（2）生活用途

金属器物在人们的日常生活中扮演着重要的角色。首先，金属餐具是人们日常用餐的必备品。例如，银碗、铜盘等金属餐具被广泛用于盛放食物和饮料，展现了金属器物在饮食文化中的重要地位。其次，金属厨具是烹饪的重要工具。古代的铜锅、铁锅等金属锅具被用于烹制各种食物，其坚固耐用的特点受到人们的青睐。此外，金属家具也是现代生活的重要组成部分。铁床、铜镜等金属家具为人们提供了舒适的居家环境，展现了金属器物在家居生活中的实用性和装饰性。

（3）礼仪活动

金属器物在礼仪活动中常常扮演着重要的角色。首先，金属首饰常被用作礼品赠送。银镯、金项链等金属首饰被视为珍贵的礼物，常被用于婚庆、生日等重要场合，展现了金属器物在人际交往中的文化和社会意义。其次，金属器物也常常被用作礼仪用品。例如，铜鼎、银杯等金属器物被用于祭祀活动中，承载着对祖先的崇敬和敬意，展现了金属器物在礼仪领域的重要地位。

三、纺织品

（一）特征与工艺历史

1. 特征

纺织品作为人类生活中不可或缺的一部分，承载着丰富的文化内涵和生活情感。其特性在于其原材料的多样性和制作工艺的复杂性。纺织品的原料主要来源于天然纤维和人造纤维。天然纤维包括棉、麻、丝等，这些来自植物或动物的原料具有良好的吸湿透气性能，使得纺织品穿着舒适，并且对人体皮肤友好。与此同时，人造纤维如聚酯纤维、尼龙等则具有较强的耐磨性和抗皱性，使得纺织品具备更高的耐久性和易保养性。

纺织品的制作过程经过了纺纱、织造、印染等多道工序，每一道工序都对最终的产品质量和外观产生着重要影响。纺纱是将纤维进行纺织加工，形成纱线的过程，而织造则是利用纱线进行编织、钩编或织锦的工艺，以形成织物的基本结构。此外，印染则赋予纺织品丰富多彩的图案和色彩，通过印花、染色等方式，使得纺织品在视觉上更加吸引人，呈现出独特的艺术魅力。

纺织品的材质和工艺不仅决定了其质地和外观，也决定了其适用性和用途。例如，棉质纺织品柔软透气，适合用于制作夏季衣物和床上用品；而聚酯纤维制成的纺织品具有较强的耐磨性和易保养性，适合制作户外运动服装和家居装饰品。纺织品在衣物、家居用品、装饰品等方面都发挥着重要作用，满足了人们日常生活和审美需求。

2. 工艺历史

纺织品的制作历史可以追溯至古代，早在人类社会的初期，人们就开始利用自然界中丰富的植物纤维和动物毛发，通过简单的手工工艺制作纺织品，以满足基本的生活需求。这种最早的纺织工艺，通常是由妇女完成，通过手工纺纱和手工织造的方式，将原始的纤维材料编织成布匹、毯子等生活用品。

随着人类社会的不断发展和生产技术的进步，纺织品的制作工艺也在不断演变和完善。在古代，许多文明古国都建立了相当成熟的纺织产业，这些国家的纺织品以其精湛的工艺和独特的风格而闻名于世。例如，我国的丝绸制品则因其华美的质感和独特的丝绸织造工艺而享有盛誉，成为东方文明的瑰宝。

随着工业革命的到来，纺织产业经历了前所未有的革命性变革。18世纪末至19世纪初，英国的纺织业率先实现了机械化生产的突破，诞生了最早的纺织机械，如飞梭织布机和提花织机等。这些机械的应用使得纺织品的生产效率大幅提升，大规模的工厂生产模式逐渐取代了传统的手工生产方式，纺织品的产量和品质得到了极大的提升，为工业社会的崛起提供了重要支撑。

到了现代，随着科技的不断发展和全球化的进程，纺织品的制作工艺更加多样化和复杂化。传统的手工工艺依然存在，但现代化的纺织工厂和自动化生产线已经成为主流，数字化设计和3D打印等先进技术的应用也为纺织品的创新带来了无限可能。同时，环保和可持续发展的理念也促使纺织产业朝着更加绿色、可循环的方向发展，推动着纺织品制作工艺的不断更新和改进。

（二）分类及功能

1.原料分类

（1）天然纤维纺织品

①棉布

棉布是最常见的天然纤维纺织品之一，以棉花纤维为原料制成。棉布具有柔软、透气、吸湿性强的特点，使其成为广泛应用于纺织品行业的主要材料之一。棉布的舒适性和透气性使其特别适合制作夏季服装、床上用品以及日常生活用品，如T恤、床单、毛巾等。

②麻布

麻布是由亚麻、苎麻等植物纤维制成的纺织品，具有耐磨、耐高温、透气性好等特点。麻布的纤维结构特殊，使其具有良好的耐久性和抗皱性，适合制作户外服装、工装等。同时，麻布也常用于家居装饰，如窗帘、靠垫等，以其独特的纹理和质感增添空间的美感。

③丝绸

丝绸是一种以蚕丝为主要原料制成的纤维纺织品，具有光泽、柔软、质地轻盈的特点。作为高档纺织品之一，丝绸常被用于制作各种高级服装、家居用品以及艺术品。其独特的光泽和纹理赋予了服装华丽的外观，而丝绸的舒适性和透气性也使其成为床上用品的首选材料之一。

（2）人造纤维纺织品

①聚酯纤维

聚酯纤维是通过聚合物化学合成的纤维，包括涤纶、尼龙等。涤纶具有耐磨、抗皱、易清洗等特点，常被用于制作运动服装、户外用品以及家居装饰品。其耐用性和易护理性使其成为日常生活中广泛应用的纺织品材料之一。

②尼龙

尼龙是一种合成纤维，具有高强度、耐磨、抗皱等优点，常用于制作各类高性能纺织品。尼龙制品常被应用于户外运动装备、行李箱、帐篷等领域，其耐用性和轻便性使其成为户外活动的理想选择。

2. 织法分类

（1）平纹布

平纹布是最常见的织物类型之一，是通过交错排列的经纬纱线以平行方式编织而成，具有平整的表面和良好的强度，适用于制作衬衫、T恤等日常服装。

（2）斜纹布

斜纹布是一种具有斜纹纹理的织物，通过交错排列的经纬纱线以交错方式编织而成，具有柔软、耐穿的特点，常用于制作牛仔裤、工装裤等耐磨服装。

（3）提花织物

提花织物是在基础织物上通过提花工艺制作出花纹或图案的织物，具有丰富的装饰效果和立体感，常用于高档服装、家居装饰等。

3. 用途分类

（1）衣物

纺织品作为最基本的人类日常用品之一，在服装领域有着广泛的应用。不同材质和织法的纺织品适用于不同季节和场合，如棉布、麻布适合夏季衣物，丝绸、羊毛适合冬季服装。

（2）床上用品

床上用品包括床单、被套、枕套等，对纺织品的材质和舒适性有较高要求。丝绸、棉布等天然纤维纺织品常被选用，以保证舒适的睡眠体验。

（3）家居装饰

纺织品在家居装饰中扮演着重要角色，如窗帘、地毯、靠垫等，不仅具有装饰性功能，还能起到隔音、保暖等作用。

（4）艺术品

一些提花织物、丝绸绣品等纺织品被视为艺术品，常被用于装饰画廊、博物馆等场所，展示文化艺术的魅力。

四、纸质文献

（一）特征与工艺历史

1. 特征

纸质文献作为记录人类文明和知识的重要媒介，具有多重特征和价值。首先，其材料的柔软性使得纸质文献易于携带和保存，便于长期传承和保存文化遗产。相比于其他载体如石碑、金石、竹简等，纸质文献更加轻便灵活，更适合大规模地传播和保存。其次，纸质文献易于书写和绘制，无论是文字还是图像，都能清晰地展现出来。这使得纸质文献成为记录历史事件、传承文化传统、传播知识的主要方式之一。同时，纸质文献也具有较高的耐久性，经过适当的保存和保护，可以保存数百甚至数千年而不失真，为后人研究和了解历史、文化提供了重要的依据。此外，纸质文献还承载了丰富多彩的文字和图像信息，记录了人类的智慧、思想、艺术和科学成就，是人类文明的珍贵遗产。通过研究纸质文献，人们可以深入了解不同时代的社会、经济、政治、文化等方面的情况，推动历史和文化的传承和发展。总的来说，纸质文献作为人类文明的重要组成部分，具有不可替代的价值和意义，对于推动人类社会的进步和发展起到了重要作用。

2. 工艺历史

纸质文献作为人类文明的重要组成部分，其制作历史可以追溯至古代。最早的纸质文献通常是手工制作的，其制作工艺相对简单，主要通过人工纺织和压制方式完成。在古代，人们使用各种天然材料，如树皮、竹子、麻绳等，经过加工处理后制成纸张，用以记录文字和图像信息。这些古代纸质文献，如中国的竹简等，虽然制作工艺简陋，但为当时社会的信息传播和知识保存提供了重要载体。

随着社会的发展和技术的进步，纸张的制作工艺逐渐完善。早在汉代，中国就已经掌握了纸张的制作技艺，采用植物纤维如芦苇、稻草等作为原料，经过浸泡、捣碎、晾晒等工序制成纸张。而在西方，古希腊和古罗马时期，人们使用棉花纤维、亚麻纤维等原料制作纸张，制作了大量的纸质文献，如手抄本、卷轴等。

随着时间的推移，纸张的制作工艺不断改进和完善。在中世纪，欧洲的造纸技术得到了进一步发展，出现了水力制浆、纸浆筛选、压榨等新技术，使得纸张的质量和产量得到了提升。随着印刷术的发明和普及，纸质文献的制作进入了工业化生产阶段，大量印刷书籍、报纸等问世，推动了人类知识的传播和普及。

在现代，随着科学技术的不断进步，纸张的生产工艺也得到了革新和改进。传统的木浆纸张生产方式逐渐被更环保、更高效的造纸技术所取代，如再生纸生产技术、无木浆造纸技术等。同时，数字化技术的发展也对纸质文献的制作和保存提出了新的挑战和机遇，电子书籍、网络文献等数字化载体的出现改变了人们获取和传播知识的方式。

（二）分类及功能

1. 内容分类

（1）历史书籍

这类文献主要记录了人类历史上的各种事件、人物、文化等，包括史书、历史文献、历史记录等。历史书籍的重要性在于记录了过去的经验和教训，为后人了解历史、学习历史提供了重要资料。

（2）文学作品

文学作品包括小说、诗歌、戏剧、散文等，是艺术和文化的重要表现形式。这些作品反映了作者的情感、思想和想象力，同时也承载了人类文化的精华，对于审美、娱乐、思想启发等方面具有重要意义。

（3）科学文献

科学文献包括科学论文、学术著作、实验记录等，记录了科学研究的过程和成果。这些文献对于学术交流、科学进步和知识传播具有重要作用，是科学发展的重要支撑。

（4）艺术作品

艺术作品包括绘画、雕塑、摄影等艺术形式，记录了艺术家的创作理念和审美追求。这些作品不仅是审美享受的来源，也是文化遗产的重要组成部分，反映了社会和时代的艺术风貌。

2. 形式分类

（1）书籍

书籍是最常见的纸质文献形式，包括印刷书籍、手稿等，以书籍的形式记录文字、图像等内容。书籍具有结构清晰、内容系统、易保存等特点，是知识传播和保存的重要工具。

（2）手抄本

手抄本是人工抄写而成的书籍，是古代文献传承的主要形式之一。手抄本具有独特的历史价值和艺术价值，反映了古代抄写者的笔墨功底和审美情趣。

（3）文书

文书是指用于书写记录各种信息的文件，包括公文、契约、信件等。文书记录了社会生活中的各种活动和交流，对于了解历史、研究社会制度和文化传统具有重要意义。

（4）绘画

绘画是用画笔或其他工具在纸张上绘制的艺术作品，可以是写实的、抽象的、装饰性的等。绘画作品不仅记录了艺术家的创作思想和技艺水平，也是审美享受和文化传承的重要形式。

3. 用途分类

（1）记录与保存

纸质文献作为记录信息的载体，其主要功能之一是记录各种知识、事件和文化。通过书写、绘制等形式，将人类的思想、经验和感悟永久地保存下来，为后人研究和传承提供了重要资料。

（2）教育与研究

纸质文献是教育和研究的重要工具，教科书、学术论文、专著等为学生和学者提供了学习和研究的基础。通过阅读和研究文献，人们可以获取知识、探索问题、拓宽视野。

（3）娱乐与休闲

文学作品、艺术作品等纸质文献也是人们娱乐和休闲的重要方式。阅读小说、欣赏绘画等不仅能够满足审美需求，还可以带来精神上的愉悦和放松。

第三节　不同类型文物的保护需求分析

不同类型文物在保护方面存在着各自的特殊需求。例如，古代陶器容易受潮开裂，需要在展示和储存过程中注意控制湿度；绘画作品容易受光线和湿度影响，需要定期检查和修复；文献资料容易受虫害侵蚀，需要定期熏蒸和除湿等。针对这些特殊需求，需要制定相应的保护计划和技术方案，以确保文物的安全和完整性。

一、古代陶器的保护需求分析

古代陶器作为重要的文物之一，具有独特的历史和文化价值，但同时也面临着一系列的保护挑战和需求。

（一）控制湿度和温度

古代陶器常制作于土器或陶土，容易受潮开裂。因此，在展示和储存古代陶器时，需要严格控制环境的湿度和温度，避免因高湿度导致陶器表面的开裂和破损。采用湿度调节器和恒温恒湿系统是常见的措施，以确保展示环境的稳定性。

1.湿度控制

古代陶器作为重要的文物之一，其材质通常是由陶土或土器制成，这种材料具有一定的吸湿性，容易受潮而引发开裂和破损。因此，对于古代陶器的保护而言，湿度控制是至关重要的环节之一。展示和储存古代陶器的场所需要严格控制湿度，以避免过高或过低的湿度对陶器造成不利影响。

在展示和储存古代陶器的环境中，一般建议将湿度控制在相对稳定的范围内，一般为 50% 至 60% 之间。这个范围既能保持陶器表面的湿润度，有利于陶器的保持和稳定，又不至于使其吸水过多而引发开裂或损坏。因此，对展示环境的湿度进行监测和调节至关重要。

为了实现对湿度的有效控制，可以采用一系列的设备和方法。首先，湿度调节器是一种常见的设备，它可以根据环境的实际情况自动调节湿度，确保在一个合适的范围内。其次，湿度传感器可以用来监测展示环境的湿度水平，及时发现湿度异常情况并采取相应的措施。此外，保持展示和储存场所的通风良好也是控制湿度的有效手段之一。

2. 温度控制

温度的变化对古代陶器的保存和展示同样具有重要的影响。在极端的温度条件下，古代陶器往往容易发生开裂、变形等问题，因此控制温度是保护古代陶器的另一个关键方面。在展示和储存古代陶器的场所，需要采取措施以确保温度的稳定性，避免温度的剧烈波动。

一般来说，建议将展示环境的温度控制在适宜的范围内，通常为摄氏18℃至22℃之间。在这个温度范围内，可以保持古代陶器的稳定状态，防止其受到温度变化的不利影响。为了实现对温度的有效控制，可以采用空调系统、恒温箱等设备，以确保展示环境的温度始终保持在合适的范围内。

通过控制温度，可以有效地保护古代陶器，防止其受到温度变化而引发的损坏和质量下降。温度稳定的展示环境不仅有利于古代陶器的保存，还可以提升其展示效果和观赏价值。因此，在展示和储存古代陶器时，务必注意控制温度，以确保其长期保存和展示的安全性和稳定性。

3. 防潮措施

为了更有效地保护古代陶器免受湿度影响，需要采取一系列防潮措施，以确保其表面的干燥状态和长期保存的安全性。这些措施旨在控制展示环境的湿度，防止陶器因湿气而产生开裂、变形等问题，从而提高其保存质量和展示效果。

一种常见的防潮措施是在展柜中放置干燥剂或湿度吸收剂。这些吸湿剂能够吸收展柜内的多余湿气，保持环境的干燥状态，有效防止湿度对陶器的影响。通过定期更换和更新吸湿剂，可以确保其持续的吸湿效果，保持展柜内的湿度在适宜的范围内。

定期清洁展柜并进行通风换气也是防止潮湿的有效方法之一。通过定期清洁展柜表面和展柜内部，可以有效去除灰尘和污垢，保持展柜内部的清洁和干燥。同时，通过适当的通风换气，可以促进展柜内部空气的流通，降低湿度，减少湿气对陶器的影响。

4. 监测和记录

定期监测和记录古代陶器展示和储存环境条件的变化是确保文物安全的重要举措之一。通过使用湿度计、温度计等专业监测设备，并记录每次的监测数据，可以及时发现环境条件的变化，以便采取相应的调整措施，从而有效保护古代陶器不受湿度和温度的影响。

首先，安装湿度计是监测展示和储存环境湿度变化的关键。湿度计能够实时监测展柜或储藏室内的湿度水平，并记录下来。通过定期检查湿度计的读数，可以了解环境湿度的变化趋势，及时发现湿度异常波动的情况。例如，如果湿度超出了理想范围，可能需要采取调节湿度的措施，如增加或减少湿度吸收剂的使用量。

其次，安装温度计也是必不可少的。温度计能够监测展示和储存环境的温度变化，并记录下来。通过监测温度计的读数，可以及时了解展示环境的温度情况，以及温度是否处于适宜的范围内。如果温度异常波动，可能需要调整空调系统或加强通风换气，以保持展示环境的稳定温度。

记录每次的监测数据也至关重要。通过建立监测记录表格或使用专业的文物保护软件，可以将每次的湿度和温度监测数据详细记录下来，包括监测时间、湿度读数、温度读数等信息。这些记录可以作为未来参考，帮助评估展示环境的稳定性和文物保护的效果，为制定更合理的保护措施提供依据。

（二）避免物理损害

古代陶器的表面常常装饰有精美的图案和纹饰，容易受到碰撞和摩擦的损伤。因此，在展示和运输过程中，需要采取轻拿轻放、防震包装等措施，避免陶器表面的划伤和磨损。

1. 轻拿轻放

古代陶器常以其精美的表面装饰和纹饰而闻名，这些装饰不仅是文物本身的重要特征，也承载着历史文化的珍贵信息。然而，正是由于其表面装饰的精致性，古代陶器在展示和运输过程中往往变得异常脆弱，容易受到碰撞和摩擦的影响，从而导致不可逆的表面损伤。为了最大程度地保护古代陶器的完整性和文物价值，采取轻拿轻放的原则显得尤为重要。

轻拿轻放的原则体现了对古代陶器的尊重和细致呵护。在展示、运输和储存古代陶器的过程中，工作人员必须牢记这一原则，以避免因粗暴操作而造成的不可挽回的损坏。特别是在搬运古代陶器时，工作人员应当以极度小心的态度，避免突然用力或不当摆放，以免导致陶器碰撞、摔落或损坏。此外，在清洁陶器表面时，也应当使用柔软、干燥的布料，轻轻擦拭，避免使用有腐蚀性或粗糙的清洁剂，以免对表面装饰造成损害。

在运输和展示古代陶器时，应当采取适当的保护措施，以减少陶器受到碰撞和摩擦的风险。例如，在搬运过程中，可以使用坚固的搬运工具和支架，确保古代陶器的稳固固定，避免因不稳定的运输而导致的震动和碰撞。在展示时，也可以采用有垫料的展示柜或展架，以提供额外的支撑和保护，减少外界因素对陶器的影响。

2. 防震包装

防震包装在保护古代陶器运输过程中的重要性不言而喻。由于古代陶器的质地较为脆弱，且常常具有复杂的表面装饰，一旦受到剧烈的震动和冲击，很容易导致其结构破损或表面装饰的损毁。为了最大限度地降低这种风险，防震包装成为不可或缺的保护手段之一。

首先，防震包装的关键在于选择合适的缓冲材料。常用的缓冲材料包括泡沫塑料、气泡纸、泡沫颗粒等，它们具有良好的吸震性能，能够有效地缓解运输过程中产生的冲击力。这些材料应根据古代陶器的形状和重量进行合理搭配和使用，确保在包装过程中能够充分包裹和固定陶器，使其不会在箱内产生移动或碰撞。

其次，防震包装的设计应考虑到古代陶器的特点。由于古代陶器的形状和尺寸各异，包装箱的设计需要根据具体情况进行调整。在包装箱的内部设置支撑架或分隔板，能够有效地防止陶器在运输过程中产生移动和碰撞，从而减少物理损伤的发生。此外，还可以在包装箱的外部加固，增加整体的结构强度，提高抗冲击能力。

最后，在使用防震包装时，需要严格按照操作规程进行操作，确保每个步骤都得到正确执行。这包括包装材料的选择和摆放、包装箱的封闭和固定等。只有在整个包装过程都得到精心设计和严格执行的情况下，才能有效地保护古代陶器，确保其在运输过程中安全无损。

3. 定期检查

定期检查是保护古代陶器的重要环节，通过定期检查可以及时发现潜在的问题并采取相应的修复和保护措施，以确保陶器的完整性和长期保存。

首先，定期检查需要有系统的计划和频率。建议制定详细的检查计划，包括检查的时间间隔、检查的内容和方法等。一般来说，对于经常展出的古代陶器，可以进行月度或季度检查；而对于长期储存的陶器，则可以采用半年或年度检查。检查的内容主要包括陶器表面的划痕、磨损、裂纹、脱落等情况，以及展示环境的湿度、温度等参数。

其次，定期检查需要由专业的人员进行操作。这些人员应该具有相关的知识和经验，能够准确地识别出陶器可能存在的问题，并制定合适的修复和保护方案。他们需要仔细观察陶器的表面情况，使用专业工具进行检测，如放大镜、显微镜等，以确保对问题的准确评估。

在进行检查时，需要记录检查结果并及时处理发现的问题。建议建立完善的文档记录系统，记录每次检查的时间、地点、检查内容和结果等信息。对于发现的问题，应该及时制定修复计划，并采取必要的措施进行修复和保护。修复工作应该由专业人员进行操作，根据实际情况选择合适的修复材料和方法，以确保修复效果达到预期。

4.细致清洁

细致清洁对于保护古代陶器至关重要，采取适当的清洁方式可以有效去除表面的污垢，同时避免对陶器造成损害。

首先，选择合适的清洁工具是至关重要的。应该避免使用硬毛刷或粗糙的清洁工具，因为这些工具可能会划伤陶器表面。相反，建议选择柔软的毛刷或棉布，这样可以在清洁过程中减少对陶器表面的磨损。毛刷的毛细软度应该适中，以确保能够有效清洁表面而不会造成损坏。

其次，清洁过程中需要轻柔地操作。在清洁陶器表面时，应该避免过度用力，特别是对于易损部位或装饰精细的地方，更应该小心谨慎。轻柔地擦拭表面污垢，可以有效去除污渍，同时保护陶器不受损伤。

对于顽固的污垢，可以使用温和的清洁剂或溶剂进行清洗，但是需要注意选择适当的产品，并严格按照说明书上的使用方法进行操作。清洁后，应该用清水彻底清洗陶器表面，确保清洁剂或溶剂残留物被彻底清除，以防止化学物质对陶器表面的损害。

（三）防止光线损伤

长时间暴露在强光下会导致陶器表面颜色的褪色和质地的变化。因此，在展示和储存古代陶器时，需要选择避光性好的展柜和储物箱，并定期更换展览位置，以减少光线对陶器的损伤。

1.选择适宜展示位置

（1）光线对陶器的损伤

古代陶器长时间暴露在光线下，容易导致颜色的褪色和质地的变化。这种损伤主要是由于紫外线和可见光线的照射，使陶器表面的色素分子发生氧化或分解，从而影响其原有的色彩和质地。

（2）选择避光性好的展柜和展览位置

为了减少光线对古代陶器的损伤，展览者应选择避光性好的展柜和展览位置。这些展柜和位置应尽量避免直接阳光的照射，以及光线强度过高的环境。特制的展柜具有紫外线过滤功能，可以有效减少紫外线对陶器表面的损伤，是展示古代陶器的理想选择之一。

（3）使用紫外线过滤功能的展柜

传统的玻璃展柜通常不能完全阻挡紫外线的照射，因此在展示古代陶器时，可以考虑使用具有紫外线过滤功能的特制展柜。这种展柜通常采用特殊的玻璃或薄膜材料，能够有效过滤掉大部分紫外线，减少光线对陶器表面的损伤。

（4）避免直接阳光照射

阳光中的紫外线和可见光线对陶器的损伤尤为严重。因此，在选择展览位置时，应尽量避免直接阳光的照射。如果无法完全避免，可以通过调整展柜的摆放位置或安装遮阳设施等方式来减少阳光的直接照射。

（5）监测展览环境

定期监测展览环境中的光线强度和紫外线含量，及时调整展柜和展览位置，确保陶器处于最佳的展示环境中。可以使用光线强度计和紫外线检测仪等设备进行监测，以保护古代陶器不受光线损伤。

选择适宜的展示位置对于保护古代陶器免受光线损伤至关重要。展览者应选择避光性好的展柜和展览位置，并注意避免直接阳光的照射。使用具有紫外线过滤功能的特制展柜，可以有效减少紫外线对陶器表面的损伤，延长其展示期限。

2. 定期更换展览位置

（1）光线对陶器的长期影响

即使在避光环境下展示，长时间暴露在光线下仍会导致陶器表面颜色的褪色和质地的变化。这是因为光线中的紫外线和可见光线会不断地作用于陶器表面，使其色素分子发生氧化或分解，从而导致颜色的变化和质地的损坏。

（2）定期更换展览位置的重要性

为了减缓光线对陶器表面的损伤，建议定期更换陶器的展览位置，使其暴露在光线下的时间尽量减少。通过定期更换展览位置，可以有效地减少陶器表面受光时间的累积，延长其展示期限。

（3）展览位置的选择

在选择新的展览位置时，应考虑光线强度和紫外线含量等因素，选择避光性好的位置进行展示。同时，还应注意避免直接阳光的照射，以减少光线对陶器的损伤。

（4）展览周期的确定

展览者可以根据陶器的特点和展览需求，确定合适的展览周期。一般来说，建议每隔一段时间就更换一次展览位置，以保护陶器表面不受光线损伤。

（5）展览位置的轮换

定期更换展览位置时，应采取轮换的方式，避免陶器长时间暴露在同一位置。可以将陶器从一个展柜转移到另一个展柜，或者将其从一个展厅转移到另一个展厅，以达到最佳的保护效果。

定期更换展览位置是保护古代陶器免受光线损伤的重要措施之一。通过定期轮换展览位置，可以有效减少陶器表面受光时间的累积，延长其展示期限。

3. 控制展览时间和光照强度

（1）光线对陶器的损伤机制

光线中的紫外线和可见光线是导致陶器表面损伤的主要原因之一。紫外线的照射会导致陶器表面色素分子的氧化或分解，从而引起颜色褪色和质地变化。同时，过强的可见光线也会加速陶器表面的老化和褪色过程，因此需要控制展览时间和光照强度，以减少光线对陶器的损伤。

（2）控制展览时间

为了减少光线对陶器的损伤，应控制陶器的展览时间，避免长时间暴露在光线下。一般建议每天的展览时间不超过 8 小时，且每年的展览总时间也应限制在合理范围内，以减少陶器表面受光时间的累积。

（3）控制光照强度

在展览古代陶器时，应根据展览环境和陶器的特点，合理控制光照强度。避免将陶器暴露在光线过强的环境中，尤其是在直射阳光下。可以通过调节展览灯光的亮度，使用光线过滤器等方式，降低光线对陶器的影响，保护其表面不受损伤。

（4）使用光线过滤器

在展览场所的灯具中安装光线过滤器，可以有效地过滤掉紫外线和过强的可见光线，减少光线对陶器的损伤。这种过滤器通常采用特殊的材料或涂层，能够有效地减少光线的强度和有害成分，保护陶器表面的完整性和色彩。

（5）控制展览环境

除了控制展览时间和光照强度外，还应注意控制展览环境中的温度和湿度。过高或过低的温度和湿度都会对陶器造成损伤，影响其保存和展示效果。因此，在展览场所应保持稳定的温湿度，提供良好的展览环境。

（6）定期检查光线影响

为了及时发现光线对陶器的影响，应定期检查陶器表面，观察是否出现颜色褪色、表面光泽减退等现象。根据检查结果，及时调整展览环境和措施，以保护陶器表面不受光线损伤。

控制展览时间和光照强度是保护古代陶器免受光线损伤的重要措施之一。通过合理控制展览时间和光照强度，安装光线过滤器，保持稳定的展览环境等方式，可以有效减少光线对陶器表面的损伤，延长其展示期限。

4.定期检查光线影响

（1）定期检查的意义

定期检查陶器表面的光线影响，可以及时发现光线对陶器的损伤情况，采取相应的保护措施，防止损伤进一步恶化。这对于延长陶器的展示期限，保护其文物价值具有重要意义。

（2）检查内容

定期检查陶器表面时，应重点观察颜色是否褪色、表面光泽是否减退、是否出现裂纹或腐蚀等现象。同时，还应检查展览环境中的光照强度和紫外线含量，评估光线对陶器的影响程度。

（3）检查频率

定期检查的频率应根据陶器的展示时间和展览环境的变化而定，一般建议每隔3—6个月进行一次检查。在重要的展览活动前后，可以加大检查频率，及时发现并处理光线影响的问题。

（4）记录检查结果

对于每一次的检查，都应详细记录检查结果，包括发现的问题、采取的措施以及处理效果等信息。这些记录不仅有助于及时发现问题，还可以为今后的展览工作提供参考依据。

（5）与专业人员合作

定期检查陶器表面的光线影响时，建议与专业的文物保护人员或考古学家合作。他们具有丰富的经验和专业知识，可以为展览者提供专业的建议和指导，确保陶器得到最佳的保护和展示效果。

定期检查光线影响是保护古代陶器的重要措施之一。通过定期检查陶器表面的状况，及时发现并处理光线影响的问题，可以保护陶器的完整性和色彩，延长其展示期限，提高其文物保护价值。

（四）定期检查和维护

对于古代陶器，定期检查和维护是保护工作的重要环节。通过定期检查，及时发现陶器表面的开裂、褪色等问题，并采取相应的修复和保护措施，可以延长陶器的使用寿命和展示期限。

1. 定期检查表面情况

对古代陶器进行定期检查是保护工作的关键步骤之一。通过定期检查，可以及时发现陶器表面的开裂、褪色、污染等问题。检查时应使用适当的照明设备和放大镜，仔细观察每一处细节，确保不漏掉任何潜在问题。

2. 记录检查结果

每次检查后，应对发现的问题进行详细记录，包括问题的位置、程度、表面特征等。这些记录有助于跟踪问题的发展趋势，并为后续的修复和保护工作提供参考依据。

3. 采取适当维护措施

根据检查结果，针对发现的问题采取适当的维护措施。例如，对于发现的小裂缝可以采用黏合剂进行修补，对于表面污染可以采用温和的清洁剂进行清洁。在采取维护措施时，应选择对陶器表面影响较小的方法，并确保操作过程中不会对陶器造成进一步损害。

4. 定期保养和清洁

除了定期检查，还应定期对古代陶器进行保养和清洁。保养时应避免使用含有酸性或腐蚀性成分的清洁剂，选择温和的清洁剂和工具进行清洁，并在清洁后彻底清除残留物，确保不会对陶器造成损害。

二、绘画作品的保护需求分析

绘画作品作为艺术品和文化遗产，需要特别注意保护，以确保其长期保存和展示。

（一）光线和湿度控制

1. 光线控制

（1）颜料受损问题

绘画作品的颜料容易受到紫外光线的损害，这会导致颜料褪色和画面失真。长时间暴露在强光下，特别是直射阳光下，会加速颜料的褪色过程，影响作品的观赏效果和保值性。

（2）选择光线柔和的环境

为了保护绘画作品，展示和储存环境应选择光线柔和的地方，避免直接阳光的照射。柔和的光线可以减少有害光线对颜料的损害，延长作品保持色彩鲜艳的时间。

（3）使用紫外线过滤器

为了减少有害光线的照射，可以在展示场所的灯具和窗帘上安装紫外线过滤器。这种过滤器可以有效地阻挡紫外光线的穿透，减少对绘画作品颜料的损害，保护作品的色彩和质地。

（4）定期检查光线影响

为了及时发现光线对绘画作品的影响，应定期检查作品的颜色和质地。如果发现有颜料褪色或画面失真的情况，应及时采取措施，调整展示环境，以减少光线的损害。

（5）控制展览时间

在展览绘画作品时，应控制展览时间，避免长时间暴露在光线下。一般建议每天的展览时间不超过 8 小时，且尽量避免在光线强烈的环境下展览。

光线是绘画作品长期保存和展示过程中需要特别注意的因素之一。通过选择光线柔和的环境，使用紫外线过滤器，定期检查光线影响等措施，可以有效保护作品的颜料，延长其展示期限，提高其保值性。

2. 湿度控制

（1）潮湿导致的问题

绘画作品常常使用纸质或木质的支撑结构，在潮湿环境中容易发生霉变或变形。潮湿的环境不仅会损害作品的支撑结构，还会影响作品的色彩和质地，降低其观赏价值和保值性。

（2）恒湿系统的应用

为了避免作品受潮而发生损坏，可以在展示和存放环境中安装恒湿系统。恒湿系统可以自动调节环境中的湿度，保持在适宜的范围内，避免出现过高或过低的湿度对作品的损害。

（3）湿度调节器的使用

除了恒湿系统外，还可以采用湿度调节器来控制展示和存放环境的湿度。湿度调节器可以根据环境湿度的变化，自动释放或吸收水汽，保持环境湿度稳定，避免对作品的损害。

（4）监测湿度变化

为了及时发现环境湿度的变化，应定期监测展示和存放环境中的湿度。可以使用湿度计等设备进行监测，并根据监测结果调整恒湿系统或湿度调节器的工作参数，以保持环境湿度稳定。

（5）干燥剂的使用

在湿度较高的环境中，可以使用干燥剂吸收多余的水汽，降低环境湿度。选择适合的干燥剂并正确放置，可以有效地防止作品受潮而发生损坏。

湿度控制是保护绘画作品的重要措施之一。通过安装恒湿系统，使用湿度调节器，定期监测湿度变化，以及使用干燥剂等方式，可以有效保持展示和存放环境的湿度稳定，避免作品受潮而发生损坏。

（二）防止虫害侵蚀

1. 防虫剂的使用

（1）支撑结构的蛀虫侵害

绘画作品的支撑结构常常由木质或纸质材料制成，这些材料容易受到蛀虫的侵害。蛀虫会以支撑结构中的木材或纸张为食物，造成支撑结构的破坏，进而影响整幅绘画作品的稳定性和完整性。

（2）防虫剂的作用

为了防止蛀虫对绘画作品支撑结构的侵害，可以使用防虫剂进行防治。常用的防虫剂包括樟脑丸和二氧化硅干燥剂等，它们能够释放出气味或化学物质，对蛀虫产生驱避或杀灭的作用，从而保护绘画作品的支撑结构不受蛀虫侵害。

（3）防虫剂的使用方法

在存放绘画作品的箱子或展柜中，可以放置适量的防虫剂，如樟脑丸或二氧化硅干燥剂。这些防虫剂可以有效地驱除潜在的害虫，防止其对绘画作品的支撑结构造成损害。

（4）注意事项

在使用防虫剂时，应注意避免直接接触绘画作品，以防止防虫剂的化学成分对作品产生不良影响。同时，应定期检查防虫剂的使用效果，及时更换或补充防虫剂，确保其持续的防治效果。

（5）选择合适的防虫剂

在选择防虫剂时，应根据存放环境和绘画作品的特点选择合适的产品。对于对人体无害且无腐蚀性的防虫剂更为适宜，以确保其不会对绘画作品产生额外的损害。

防虫剂的使用是保护绘画作品支撑结构免受蛀虫侵害的重要措施之一。通过选择合适的防虫剂，并正确使用和定期检查，可以有效地保护绘画作品的支撑结构，延长其保存时间，提高其保值性。

2. 密封包装

（1）长期储存的需要

对于长期不常展示的绘画作品，为了保护其不受虫害侵害，常常需要采取密封包装的方式进行储存。密封包装可以有效地防止害虫从外部环境进入，保持作品的保存状态。

（2）包装材料的选择

在进行密封包装时，应选择适合的包装材料，如密封性好的盒子或袋子。这些包装材料应具有一定的防水和防虫功能，以确保作品能够得到有效的保护。

（3）定期检查包装

尽管采取了密封包装的措施，但仍然需要定期检查包装是否完好。密封包装材料如有破损或变形，应及时更换或修复，以保持其密封性和防护功能。

（4）密封包装的注意事项

在进行密封包装时，应注意避免包装材料与绘画作品直接接触，以免产生化学反应或损坏作品表面。同时，应保证包装材料的质量和环保性，以确保作品在密封状态下得到有效的保护。

（5）定期通风和检查

尽管采取了密封包装的措施，但仍然需要定期进行通风和检查。定期开启包装容器进行通风，有助于排除内部的潮湿和异味，同时也可以检查作品的保存状态，及时发现并处理问题。

密封包装是保护绘画作品免受虫害侵害的有效手段之一。通过选择合适的包装材料，定期检查和通风，可以确保绘画作品在密封状态下得到有效的保护，延长其保存时间，提高其保值性。

（三）定期检查和修复

1. 定期检查

（1）定期检查的重要性

对绘画作品进行定期检查是保护工作的重要一环。定期检查能够及时发现画面出现的色彩褪色、裂纹、变形等问题，有助于及时采取修复措施，防止问题进一步恶化，保护作品的完整性和观赏价值。

（2）检查内容

定期检查绘画作品时，应重点关注画面的色彩是否出现褪色或变浅、是否有裂纹或涂层剥落的迹象、画布是否出现松弛或变形等问题。同时，还应检查支撑结构的稳定性和完整性，确保作品的整体结构安全可靠。

（3）检查频率

定期检查的频率应根据绘画作品的保存状态和展示环境的变化而定，一般建议每隔3—6个月进行一次检查。在重要的展览活动前后，可以加大检查频率，以确保作品的保护和保存工作得到及时的监测和处理。

（4）记录检查结果

对于每一次的定期检查，都应详细记录检查结果，包括发现的问题、采取的措施以及处理效果等信息。这些记录有助于及时发现问题、分析问题原因，并为今后的保护工作提供参考依据。

（5）专业人员的参与

定期检查绘画作品最好由专业的文物保护人员或修复人员进行操作。他们具有丰富的经验和专业知识，能够对作品进行全面、细致的检查，并提出有效的保护建议和修复方案。

定期检查是保护绘画作品的重要措施之一。通过定期检查，可以及时发现作品的问题并采取相应措施，保护作品的完整性和观赏价值，延长其保存时间，提高其保值性。

2. 修复措施

（1）问题的种类

当绘画作品出现问题时，可能涉及色彩褪色、涂层剥落、画布裂纹、支撑结构损坏等多种问题。针对不同的问题，需要采取相应的修复措施，以保护作品的完整性和观赏价值。

（2）局部补色

对于色彩褪色或涂层剥落的部分，可以采取局部补色的方式进行修复。修复人员会根据作品原有的色彩和质地，选择合适的颜料进行补色，使修复部分与原作融合一体，保持作品整体的美观和连贯性。

（3）织补修复

对于画布出现的裂纹或破损，可以进行织补修复。修复人员会选用与画布材质相近的织物进行补强，通过织补的方式修复裂纹或破损处，保持画布的完整性和稳定性。

（4）支撑结构的修复

如果作品的支撑结构出现损坏或松弛，需要进行相应的修复措施。修复人员可以采用木质或纸质的补强材料，对支撑结构进行加固或修补，确保作品的整体结构稳固可靠。

（5）修复工作的注意事项

修复绘画作品的工作需要由经验丰富、技艺精湛的修复人员进行操作。修复人员应根据作品的具体情况，选择合适的修复材料和方法，并严格遵循文物保护的原则和标准，确保修复效果符合要求。

修复绘画作品是保护工作的重要一环。通过采取合适的修复措施，可以及时修复作品出现的问题，保护其完整性和观赏价值，延长其保存时间，提高其保值性。

三、文献资料的保护需求分析

文献资料作为记录历史和文化信息的重要载体，需要采取一系列的保护措施，以确保其长期保存和利用。

（一）防止湿度和霉变

1. 环境控制

（1）湿度对纸质文献的影响

纸质文献容易受潮而引发霉变，湿度是影响纸张质量的重要因素之一。过高的湿度会使纸张吸水，导致变形和发霉，而过低的湿度则会使纸张变脆易碎，影响其保存和展示。

（2）适宜的湿度范围

为了保护纸质文献不受湿度影响，应控制环境湿度在40%至60%之间。这个湿度范围既能够防止纸张吸水和发霉，又不会导致纸张过于干燥而变脆，是最适宜的保存环境。

（3）控制湿度的方法

为了维持适宜的湿度水平，可以采取多种措施。首先，可以安装空调系统，在需要时调节室内湿度。其次，除湿器和湿度调节器也是有效的工具，可以帮助去除室内多余的湿气。此外，定期通风也是必不可少的措施之一，有助于排除室内潮湿的空气，保持环境干燥。

（4）定期监测湿度

为了确保环境湿度处于适宜的范围内，应定期监测室内湿度水平。可以使用湿度计等设备进行监测，并根据监测结果调整环境控制设备的工作参数，以保持湿度稳定。

（5）专业环境控制建议

针对保存珍贵文献的场所，可以考虑采取专业的环境控制措施。例如，建立恒湿系统和温湿度监控系统，实时监测和调节环境参数，确保文献的长期保存。

环境湿度是影响纸质文献保存的关键因素之一。通过控制适宜的湿度范围、安装空调系统、除湿器和湿度调节器，以及定期通风等措施，可以有效保护文献不受湿度影响，延长其保存时间，提高其保值性。

2. 储存条件

（1）选择合适的储存环境

在储存文献时，应选择通风良好、干燥的环境，远离水源和潮湿地区。避免将文献存放在地下室或潮湿的地方，以防止受潮霉变。

（2）储存容器的选择

文献应该存放在防潮、防尘的柜子或储物盒中，避免直接接触地面和墙壁。选择密封性好的储存容器，可以有效防止外界湿气和灰尘的侵入，保护文献的质量和完整性。

（3）干燥剂的使用

为了进一步保护文献不受潮湿影响，可以在文献周围放置一些干燥剂，如二氧化硅。这些干燥剂可以吸收周围的湿气，保持储存环境的干燥状态，减少文献受潮的风险。

（4）定期检查和更换储存容器

定期检查储存容器的密封性和状态，确保其完好无损。如有损坏或松动的情况，应及时更换或修复，以保持文献的良好储存状态。

（5）远离水源和潮湿地区

在选择储存文献的地点时，应尽量远离水源和潮湿地区，如厨房、浴室等。避免将文献放置在容易受潮的环境中，以减少受潮霉变的风险。

储存条件对文献的保存至关重要。通过选择合适的储存环境、储存容器和干燥剂，并定期检查和维护储存设施，可以有效保护文献不受湿度和霉变的影响，延长其保存时间，保护其文化价值。

（二）防止光线和温度影响

1. 光线控制

（1）光线对纸质文献的影响

纸质文献的纸张和墨水容易受到光线的损害，长时间暴露在光线下会导致颜色褪色、纸张变黄甚至纸质老化。这种光线引起的损害是由紫外线和可见光中的蓝光所致，因此需要采取措施保护文献不受光线损害。

（2）避光性环境的选择

为了保护纸质文献不受光线损害，展示和存放文献的场所应选择避光性好的环境，尽量避免暴露在直射阳光下。例如，可以将文献放置在遮光罩下或避光柜中，减少光线的直接照射。

（3）紫外线过滤器的应用

为了减少有害光线的照射，可以在文献存放和展示的灯具中安装紫外线过滤器。这些过滤器能够有效地阻挡紫外线和蓝光的穿透，降低光线对文献的损害程度，保护其色彩和质地不受影响。

（4）定期检查光线影响

定期检查纸质文献的保存状态，观察是否出现颜色褪色、纸张变黄等现象，及时发现并记录光线对文献的影响情况。根据检查结果，及时调整存放和展示环境，以保护文献不受光线损害。

（5）教育和培训

对管理文献的机构和人员进行光线保护的教育和培训是非常重要的。通过增强工作人员的意识和知识水平，加强对文献光线保护的重视和管理，有助于更好地保护纸质文献的保存。

光线控制是保护纸质文献的重要措施之一。通过选择避光性好的环境、安装紫外线过滤器、定期检查光线影响等方式，可以有效保护文献不受光线损害，延长其保存时间，提高其保值性。

2. 温度控制

（1）温度对纸质文献的影响

温度是影响纸质文献保存的重要因素之一。高温会加速纸张的老化和墨水的褪色，导致文献质量下降，因此需要在存放和展示文献的场所控制适宜的温度。

（2）适宜的温度范围

理想的环境温度范围应在18℃至22℃之间。在这个温度范围内，可以有效减缓纸张的老化速度，延长文献的保存时间，保持其原有的色彩和质地。

（3）控制温度的方法

为了保持适宜的环境温度，可以采取多种措施。首先，可以安装空调系统或恒温恒湿设备，实时监测和调节环境温度，保持其稳定性。其次，避免室内温度的剧烈波动，尽量保持稳定。

（4）定期监测温度

为了确保环境温度处于适宜的范围内，应定期监测室内温度水平。可以使用温度计等设备进行监测，并根据监测结果调整环境控制设备的工作参数，以保持温度稳定。

（5）教育和培训

对管理文献的机构和人员进行温度保护的教育和培训也是非常重要的。增强工作人员的意识和知识水平，加强对文献温度保护的重视和管理，有助于更好地保护纸质文献的保存。

温度控制是保护纸质文献的重要措施之一。通过控制适宜的温度范围、安装空调系统或恒温恒湿设备，并定期监测温度，可以有效保护文献不受温度影响，延长其保存时间，提高其保值性。

（三）防止虫害和酸性侵蚀

1. 防虫剂的使用

（1）蛀虫对纸质文献的危害

纸质文献容易受到蛀虫的侵害，这些蛀虫会以纸张为食物并在其中产卵，导致文献的破坏和损失。特别是在保存环境潮湿、通风不良的情况下，蛀虫更容易滋生和繁殖，加剧文献的受损程度。

（2）防虫剂的作用

为了防止蛀虫对纸质文献的侵害，可以在存放文献的柜子或展柜中放置防虫剂。这些防虫剂通常含有杀虫剂成分，如樟脑丸或萘丸等，可以发散出气味或化学物质，对潜在的害虫产生驱避作用，保护文献的完整性和保存状态。

（3）选择适当的防虫剂

在选择防虫剂时，应考虑其对文献质地的影响以及安全性。一般来说，应选择对纸张和墨水无害的防虫剂，并严格按照使用说明进行使用，以避免对文献和人体造成不必要的伤害。

（4）定期更换防虫剂

防虫剂的有效期通常有限，一般需要定期更换以保持其防虫效果。建议每隔一段时间对防虫剂进行检查和更换，确保其持续发挥作用，保护文献不受蛀虫侵害。

（5）其他防虫措施

除了使用防虫剂外，还可以采取其他措施来预防和控制蛀虫的侵害。例如，保持存放文献的环境干燥通风，定期清理和检查文献，及时发现和处理受害文献，以减少蛀虫滋生和繁殖的机会。

防虫剂的使用是保护纸质文献的重要措施之一。通过选择适当的防虫剂，并定期更换以保持其有效性，可以有效预防蛀虫对文献的侵害，延长其保存时间，保护其文化价值。

2. 酸性环保材料

（1）酸性物质对纸质文献的危害

酸性物质会加速纸张的老化和退化，导致文献质量下降，严重影响其保存和观赏价值。尤其是在存放和展示文献的过程中，酸性物质可能会与纸张发生化学反应，加剧纸张的破坏程度。

（2）选择酸性环保材料的重要性

为了保护纸质文献不受酸性物质的侵蚀，应选择 pH 值中性或碱性的环保材料，如酸性环保纸、酸性环保胶水等。这些材料不含或含有较少的酸性物质，对纸张的影响较小，有助于保持文献的原始状态和质量。

（3）注意环保材料的选择和使用

在选择和使用环保材料时，应仔细查看产品标签，确保其符合环保标准和要求。同时，应注意避免使用含有大量酸性物质的材料，以免对纸质文献造成不可逆的损害。

（4）定期检查和维护

定期检查存放和展示文献的环境和材料，确保其没有受到酸性物质的侵蚀。如有发现问题，应及时采取措施修复或更换受损的材料，以保护文献的保存状态。

（5）环保意识的提高

通过加强对环保知识和意识的培训，提高管理文献的机构和人员对环保材料的重视程度，加强对文献保存的保护，有助于减少文献受酸性物质侵蚀的风险。

第三章　博物馆可移动文物保护现状调查

调查博物馆可移动文物保护现状是了解和解决文物保护问题的重要步骤。本章将探讨博物馆可移动文物保护现状调查的内容和结构（见图 3-1）。

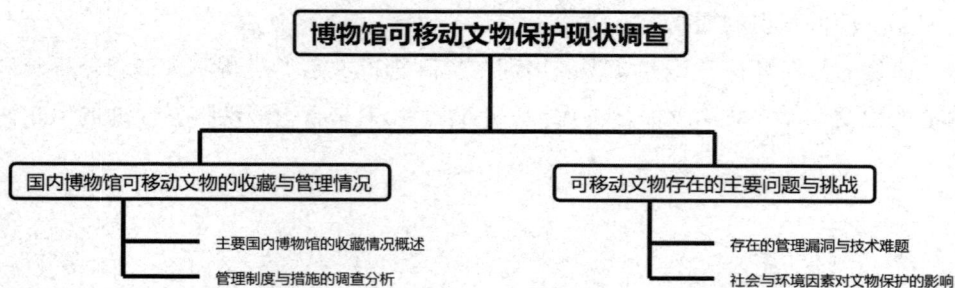

图 3-1　博物馆可移动文物保护现状调查架构图

第一节　国内博物馆可移动文物的收藏与管理情况

一、主要国内博物馆的收藏情况概述

（一）故宫博物院

故宫博物院，始建于 1925 年 10 月 10 日，位于北京市中心的紫禁城内，是中国最著名的博物馆之一，也是中国最大的古代文化艺术博物馆之一。它的历史可以追溯到明朝、清朝两代的皇宫，以及这两个朝代积累的丰富文物收藏。下面将对故宫博物院的历史渊源、地位和重要特征进行介绍。

1. 历史渊源

故宫博物院的前身是明清两代的皇宫，始建于明代的永乐年间，成为明、清两代的皇家宫殿和政治中心。1925 年，故宫改为博物院对外开放，并正式成立了故宫博物院。此后，故宫博物院不断壮大，成为中国最重要的文化遗产保护机构之一。

2. 地位与荣誉

故宫博物院作为中国最大的古代文化艺术博物馆之一，具有重要的地位和影响力。它是世界三大宫殿之一，也是全球知名的旅游景点之一。故宫博物院被列为全国重点文物保护单位，是国家 5A 级旅游景区，享有高度的声誉和地位。1987 年，故宫被列入《世界文化遗产名录》，成为中国文化遗产的重要代表之一。

3. 文物收藏特色

故宫博物院的文物收藏堪称中国文化的珍贵遗产，其源头主要追溯至清代宫中旧藏。这一丰富的收藏涵盖了中国几乎所有文物门类，从绘画、书法到玉器、陶瓷等各个类别，无一不展示了中国古代文明的辉煌成就。其中尤为引人注目的是一系列珍贵的古代文物，如《清明上河图》（见图 3-2）《千里江山图》（见图 3-3）等。这些文物以其卓越的艺术价值和历史意义，吸引了来自世界各地的参观者。

图 3-2 《清明上河图》（局部）

图 3-3 《千里江山图》

51

在故宫博物院的文物收藏中，绘画和书法是其中的重要组成部分。通过精湛的绘画和优美的书法作品，人们可以窥见中国古代艺术的独特魅力和博大精深。《清明上河图》作为中国绘画史上的经典之作，以其细致入微的笔触和生动的场景再现，展现了宋代社会的繁荣景象，成为中国绘画艺术的代表之一。而《千里江山图》则以其广阔的视野和悠远的历史背景，表现了中国大好河山的壮丽景象，让人们感受到了中国古代文明的伟大气象。

此外，故宫博物院的玉器和陶瓷收藏也备受瞩目。玉器作为中国古代文明的象征之一，在故宫博物院的收藏中占据着重要地位。这些玉器不仅在工艺上精湛，而且在雕刻和造型上也充满了文化内涵和历史意义。而陶瓷作为中国传统工艺的代表，其在故宫博物院的收藏中展示了不同历史时期的风格和特色，从唐代的三彩瓷器到明清时期的青花瓷器，无不展现了中国古代陶瓷工艺的精湛技艺和独特魅力。

（二）中国国家博物馆

1. 国家博物馆的历史与背景

中国国家博物馆是中国国家最高级别的博物馆，也是世界上最大的博物馆之一。其建立起来的历史渊源可以追溯至 1912 年，当时以蔡元培、鲁迅等知名人士为代表的有识之士积极推动了国立历史博物馆筹备处的成立。中华人民共和国成立后，中央政府决定在天安门广场东侧新建中国革命博物馆和中国历史博物馆，展示中国历史、文化、革命斗争的光辉历程。2003 年 2 月，中国历史博物馆和中国革命博物馆合并组建为中国国家博物馆，以更好地展示中华文化、培育民族精神、引领文博事业发展。

2. 国家博物馆的藏品与特色

中国国家博物馆作为中国最高级别的博物馆之一，其藏品丰富多样，涵盖了古代文物、近现代文物、艺术品等多种门类，堪称中国文化的珍贵遗产。目前，该馆的藏品数量已达到 143 万余件，历史跨度巨大，系统完整。这些藏品包括了甲骨、青铜器、瓷器、玉器、金银器、钱币、佛造像、古籍善本、书画、雕塑、漆木家具等，几乎涵盖了中国所有的文物门类。

其中，甲骨、青铜器等古代文物展示了中国古代社会的发展历程和文化特色。甲骨是中国古代最早的文字载体，记录着商代的政治、经济、宗教等方面的信息，对于研究中国古代社会的政治制度、宗教信仰等具有重要意义。而青铜器则是中国古代工艺的杰作，不仅体现了古代工匠的高超技艺，还反映了当时社会生活、宗教祭祀等方面的情况，具有极高的历史和艺术价值。

另外，瓷器、玉器等艺术品也是中国国家博物馆的重要藏品之一。中国自古以来就是陶瓷和玉器的发源地之一，而中国国家博物馆收藏的瓷器和玉器数量众多，种类繁多，体现了中国古代工艺美术的精湛水平和独特风格。这些艺术品不仅展示了中国古代工艺美术的辉煌成就，也反映了中国古代社会的审美观念和文化传统。

除了古代文物和艺术品，中国国家博物馆还收藏了大量的近现代文物，如钱币、书画等，反映了近现代中国社会的历史变迁和文化发展。这些近现代文物记录了中国近代史上的重要事件和人物，对于研究中国近代历史和文化具有重要意义。

3. 国家博物馆的展览与影响

中国国家博物馆举办展览最多、结构均衡，陈列展览丰富多样、异彩纷呈。其展览系统包括以"古代中国""复兴之路""复兴之路·新时代部分"为基础的基本陈列，以及中国古代瓷器、玉器、书画、钱币、佛造像、铜镜、服饰、饮食等专题展览。此外，中国国家博物馆每年还推出 50 余个历史文化、考古发现、精品文物、美术作品等临时展览和巡展，形成了立体化的展览体系。这些展览向世界展示了中国 5000 多年文明的血脉绵延与灿烂辉煌，为促进文明交流互鉴、增进民族认同感和自豪感做出了重要贡献。

（三）上海博物馆

1. 博物馆的历史与地位

作为中国东部地区的重要博物馆之一，上海博物馆建立于 1952 年，是上海市的文化标志和历史见证。其位于上海市黄浦区人民广场南侧，占地面积达到2.6 万平方米，是上海市规模最大的博物馆之一。作为一座综合性博物馆，上海博物馆的使命是收藏、保护和展示中国各个历史时期的文物，弘扬中华文化，促进文明交流。

2. 博物馆的藏品特色与数量

上海博物馆作为中国东部地区重要的博物馆之一，其收藏的珍贵文物数量可观，涵盖了多个门类，展示了丰富的历史文化底蕴。目前，该馆所珍藏的历史艺术文物超过 11.2 万余件，其中以青铜器、陶瓷器和书画为主要特色。

在青铜器方面，上海博物馆收藏了许多重要的文物，涵盖了西周、春秋时期等历史时段的器物，其中包括一些具有历史价值的铜器，如颂鼎、师虎簋等。这些青铜器不仅反映了古代工艺水平的高超，还展示了古代社会的政治、宗教等方面的情况，具有较高的历史和艺术价值。

在陶瓷器方面，上海博物馆的藏品涵盖了商、唐、宋、元、明、清各个历史时期的瓷器。其中包括了青瓷、唐三彩、宋青瓷等不同风格的作品，展示了中国古代陶瓷工艺的发展历程。这些陶瓷器以其精湛的工艺和独特的装饰风格，吸引着众多观众的目光，展示了中国古代陶瓷艺术的魅力。

此外，上海博物馆还收藏了大量珍贵的书画作品，包括晋代王献之、唐代怀素、宋代赵佶、苏轼、黄庭坚等著名书画家的作品。这些书画作品不仅在艺术上具有极高的水平，还反映了不同历史时期的社会风貌和文化内涵，对于研究中国书画艺术和历史文化具有重要的意义。

3. 上海博物馆的展览与影响

上海博物馆展览丰富多彩，陈列面积达到 2800 平方米，设有中国青铜器陈列室、中国陶瓷器陈列室、中国绘画陈列室、古代雕刻陈列室等。该馆曾举办过多次具有影响力的展览，如"上海博物馆珍藏青铜器展览""六千年的中国艺术展览""上海博物馆珍藏瓷器展览"等。这些展览不仅在国内展出，还曾到过日本、美国等国家，为推动中华文化的传播和交流做出了重要贡献。

（四）河北博物院

1. 河北博物院的历史与背景

河北博物院是河北省省级综合性博物馆、全国爱国主义教育示范基地、国家一级博物馆、全国最具创新力博物馆，由原河北省博物馆、河北省民俗博物馆、河北省文物出境鉴定中心、河北省文物交流中心整合组建而成。河北省博物馆成立于 1953 年 4 月，馆址设在当时河北省会保定市古莲花池院内的藏经楼。1982年河北省博物馆迁至省会石家庄市，2014 年 6 月 9 日河北博物院揭牌并正式开放。河北博物院包括主馆区、建华馆区、育才馆区三部分，建华馆区和育才馆区为文物库房。

2. 河北博物院的藏品与特色

河北博物院现有藏品总数为 21 万件，其中一级文物 340(件 / 套)，二级文物 1926(件 / 套)，三级文物 17383(件 / 套)。另外，院内藏书 5 万余册，为河北省地方志主要收藏单位之一。河北博物院的藏品非常丰富，涵盖了青铜器、瓷器、玉器、石雕、绘画、革命文物等多个品类。这些藏品不仅数量众多，而且质量上乘，尤其是河北满城汉墓出土的刘胜金缕玉衣（见图3-4）及长信宫灯（图3-5）体现了中华民族悠久的历史和灿烂的文化。

图 3-4　刘胜金缕玉衣

图 3-5　西汉长信宫灯

55

3. 河北博物院的展览与影响

河北博物院共 10 个常设陈列：《石器时代的河北》《河北商代文明》《慷慨悲歌—燕赵故事》《战国雄风—古中山国》《大汉绝唱—满城汉墓》《曲阳石雕》《北朝壁画》《名窑名瓷》《抗日烽火—英雄河北》和《"乐享河北"非遗会客厅——河北省非物质文化遗产保护成果展》。展出文物 5000 余件，以满城汉墓出土文物、战国中山遗址出土文物、河北古代四大名窑瓷器、元青花、石刻佛教造像以及抗日战争时期文物最具特色，记录了河北 200 万年来承先启后的人类发展史。河北博物院每年还举办多个有关当代文化艺术、社会热点透视、国内外文物交流及其他各类型的临时展览，极大丰富了人们的精神文化生活。

二、管理制度与措施的调查分析

（一）收藏管理制度

1. 收藏政策

国内主要博物馆均建立了严谨的收藏政策，旨在确保文物收集的合理性、系统性和可持续性，同时与博物馆的宗旨和定位相符。这些政策由博物馆的管理机构或专门的收藏委员会审议通过，并经常性地进行更新和调整，以适应时代发展和文物收藏的需求。

第一，收藏政策明确规定了文物的收集范围。这包括收集的地域范围、历史时期、文物类型等方面的界定。例如，一些博物馆可能侧重于特定地区或历史时期的文物收集，而另一些则着重于特定类型的文物，如青铜器、陶瓷器、书画等。这样的界定有助于使文物收藏更加具有针对性和专业性。

第二，收藏政策规定了文物的收集标准。这些标准包括文物的历史、艺术、科学价值等方面的评估标准，以及文物的合法性、真实性和完整性等方面的要求。博物馆在收集文物时，必须确保文物具有一定的历史价值和研究意义，同时遵循相关法律法规，保证文物的合法性和真实性。

第三，收藏政策规定了文物的收集程序。这包括文物征集、捐赠、购买等各种方式的收集程序，以及收集过程中的文物鉴定、登记、入藏等环节。在收集过程中，博物馆必须严格按照程序进行，确保文物的来源清晰、信息完整，避免可能存在的法律风险和道德风险。

2. 收藏登记

博物馆在收藏管理中，建立了完善的收藏登记系统，以确保每一件收藏的文物都能够得到详细的登记记录。这一系统是博物馆管理的基础性工作之一，为文物的管理、保管、研究和展示提供了重要的支撑。

第一，收藏登记系统记录了文物的基本信息。这些信息包括文物的名称、来源、年代、尺寸、材质等方面的详细描述。通过对文物进行全面而准确的描述，博物馆可以清晰地了解每件文物的特点和属性，为后续的管理工作提供了重要的依据。

第二，收藏登记系统记录了文物的状况和状态。这包括文物的保存状态、损坏程度、修复情况等方面的信息。通过对文物状况的记录，博物馆可以及时发现文物的损坏和变化，采取相应的保护和修复措施，确保文物的长久保存和展示。

第三，收藏登记系统还记录了文物的流转和变动情况。这包括文物的入藏时间、移动轨迹、借出记录等方面的信息。通过对文物流转情况的记录，博物馆可以掌握文物的流动轨迹，避免文物的遗失或损坏，保证文物的安全和完整性。

3. 文物鉴定

为确保收藏文物的真实性和价值，博物馆普遍设立了专门的文物鉴定部门或委员会，负责对新增文物进行鉴定和评估。这些鉴定工作由具有丰富经验和专业知识的鉴定人员进行，他们通常是该领域的专家学者或具有相关资质和经验的人员。这些专家对文物进行系统性、细致入微的鉴定，以确保文物的真伪和价值能够得到准确的判断。

文物鉴定的过程通常包括对文物的材质、工艺、风格、年代等方面进行综合性的分析和比对。对于古代文物，鉴定人员会借助考古学、文物学、艺术史等学科的知识和方法，结合文献资料和实物特征进行研究和判断。对于近现代文物，鉴定人员可能需要借助于科学技术手段，如放射性测年、化学分析、光谱测试等进行辅助鉴定。

鉴定结果对于博物馆的收藏管理具有重要的影响。首先，鉴定结果直接影响着文物的收藏策略和收藏范围。只有通过了鉴定的文物，才有资格被收藏并纳入博物馆的馆藏范围。其次，鉴定结果也决定了文物的展示和研究安排。根据文物的价值和特点，博物馆会对其进行不同程度的展示和研究，以充分展现其历史、艺术和文化价值。

除此之外，文物鉴定还具有法律意义。在文物交易、文物保护和法律诉讼等方面，鉴定结果往往被视为重要的证据，影响着相关事务的处理和结果。

4.保管措施

为保护收藏的珍贵文物，博物馆采取了多种措施，以确保文物的安全和完整性。首先，博物馆加强了安全保卫力量，配备了专业的保安人员和设备，确保博物馆内外的安全。这些保安人员负责监控博物馆的出入口和重要区域，以防止不法分子的入侵或盗窃行为。此外，博物馆还建立了 24 小时监控系统，对博物馆内部进行全天候监控，及时发现和应对安全风险。

除了加强安全保卫力量外，博物馆还实行了严格的巡查制度。定期巡查能够及时发现文物保管区域的异常情况，如漏水、电路故障、设备损坏等，以及潜在的安全隐患，如火灾隐患、安全通道阻塞等，从而及时采取措施加以解决，保障文物的安全。

博物馆设立了专门的文物保管部门，负责文物的日常保管和维护工作。这些部门的工作人员经过专业培训，具备丰富的文物保管经验和知识，能够科学、合理地管理文物。他们定期对文物进行检查、清洁和保养，及时处理文物的老化、损坏或破损问题，确保文物的保存状态良好。

此外，为规范文物的管理，博物馆还建立了一系列文物保管规章制度。这些规章制度包括文物存放、搬运、展示等方面的操作流程和规范，明确了文物保管工作的责任和要求。例如，规定了文物存放区域的温湿度要求、光线要求、防火防盗设备的使用方法等，以最大程度地减少文物受到外界环境和人为因素的影响，确保文物的安全和完整性。

（二）文物保管设施

1.专门保管库房

为了确保文物的安全保存，博物馆建立了专门的文物保管库房，这些库房是文物的重要保护场所。这些库房通常采用了一系列防火防盗的设计措施，以最大程度地降低文物受到外部因素的损害和威胁。首先，库房的建筑结构和材料经过精心设计和选择，具有良好的抗火性能，一旦发生火灾，可以有效地减缓火势蔓延，保护文物不受烟火侵害。同时，库房还配备了先进的自动灭火系统，能够在火灾发生时及时启动，控制火势扩散，最大限度地减少文物损失。

除了防火设计外，库房还采用了防盗的设计措施，以确保文物不受盗窃和损失。库房的出入口设置了严格的门禁系统，只有经过授权的人员才能进入，进入人员必须通过身份验证，并受到监控和监管。此外，库房内部还设有密集的监控摄像头，全天候监控库房的活动，及时发现异常情况并采取措施应对。这些措施有效地提高了库房的安全性，保障了文物的安全保存。

为了满足文物的保存要求，库房还配备了良好的通风、避光和防潮设施。通风系统能够保持库房内部空气的流通，降低湿度和异味，有利于文物的保持。避光设施可以有效防止光线对文物的照射，减缓文物的老化和褪色。而防潮设施则能够控制库房内部的湿度，防止文物受潮发霉，保持文物的保存状态。这些设施的运行和维护都需要专业人员进行监控和调控，确保文物得到最佳的保存条件。

2. 恒温恒湿设备

为了保护珍贵文物免受环境因素的损害，博物馆采取了安装恒温恒湿设备的措施。这些设备被广泛运用于文物保管库房，其主要功能是调节库房内的温度和湿度，使其保持在恒定的合适范围内，以最大限度地减少文物受到环境变化的影响。

恒温恒湿设备的工作原理基于先进的技术和设备，包括温度传感器、湿度传感器、空调系统等。通过这些设备的精确监测和控制，可以实现对库房内环境的精准调节。首先，设备会根据预设的参数监测库房内的温度和湿度，并实时反馈给控制系统。然后，控制系统会根据反馈信息自动调节空调系统的运行，以维持所设定的恒温恒湿条件。这种自动化的调节方式可以确保库房内环境的稳定性，从而保护文物免受温度和湿度变化的危害。

恒温恒湿设备的安装对文物的长期保存具有重要意义。首先，恒定的温度和湿度有助于防止文物受到热胀冷缩和湿润干燥的影响，减少了文物因此而产生的变形、开裂或褪色等损害。其次，恒温恒湿条件也能够减缓文物的老化速度，延长其保存寿命。尤其对于一些对温湿度要求较为敏感的文物，如纸质文物、绘画作品等，恒温恒湿设备的作用更为显著。

3. 防火防盗设施

为了确保文物的安全，博物馆采取了一系列防火防盗设施，旨在预防火灾和盗窃等意外事件对文物的损害。这些设施的安装和运作有效地提高了博物馆的安全性，保护了珍贵文物的完整性和价值。

第一，博物馆在保管库房和展示区域安装了火灾报警系统。这些系统通过安装在各个区域的感应器，可以及时发现火灾迹象，并自动发出警报。一旦火灾发生，工作人员和消防人员可以立即采取相应的措施，以尽快控制火势并疏散人员，最大限度地减少文物的损失。

第二，博物馆配备了各种消防设备，如灭火器、灭火器车等。这些设备可以在火灾发生时提供急救措施，有助于扑灭初起火灾，防止火势蔓延。同时，博物馆还进行了消防演练和培训，提高了工作人员对火灾应急处理的能力和素质。

第三，博物馆采用了监控摄像头和安全门禁系统等防盗设施。监控摄像头可以实时监测博物馆内外的情况，及时发现可疑行为并进行录像记录。安全门禁系统则可以控制人员的进出，确保只有授权人员才能进入文物展示区域，有效地减少了盗窃事件的发生可能性。

（三）文物保护技术

1. 修复技术

博物馆内的文物修复工作是一项关键而复杂的任务，需要由专业的修复团队负责。这些团队通常由经验丰富的文物修复专家和技术人员组成，他们在文物修复方面拥有广泛的知识和技能，并且通过长期的实践积累了丰富的经验。文物修复涉及多个学科领域，包括材料学、化学、物理学等，因此修复人员需要具备跨学科的专业知识。

在进行文物修复时，修复团队首先会对文物进行详细的状况评估和分析。他们会了解文物的材质、损伤程度以及修复前后的预期效果。然后，修复人员会选择合适的修复方法和材料，以确保修复过程中不会对文物造成进一步的损害，并且能够最大限度地保留其原始特征和历史价值。

修复团队采用的修复技术通常包括物理修复和化学修复两种主要方法。物理修复主要指通过手工操作或机械手段对文物进行修复，如拼接、填补、加固等，以恢复文物的完整性和稳定性。化学修复则是利用化学药剂或材料对文物进行表面处理或修复，以去除污渍、修复色彩、增强材质稳定性等。

修复团队还会利用先进的数字化技术，如三维扫描和打印技术，对文物进行数字化建模和复制。这样可以在修复过程中对文物进行更精确的分析和重建，同时也可以为文物的数字化展示和研究提供便利。

2. 保护措施

为了保护博物馆内的珍贵文物免受外界环境的侵害，博物馆采取了一系列重要的保护措施。这些措施旨在确保文物长期保存并保持其原始状态，从而使其能够被后代继续欣赏和研究。

首先，博物馆实施了定期检测文物的状况的制度。这包括定期对文物进行检查和评估,以确保及时发现并处理任何潜在的损伤或腐化现象。通过定期检测,博物馆可以有效地监测文物的状态,并采取必要的措施来保护其免受损害。

其次,博物馆对文物进行清洁和防腐处理。文物的清洁工作旨在去除表面的尘埃和污物,保持其外观清洁和美观。同时,博物馆还采取防腐处理措施,以防止文物受到霉菌、真菌和其他微生物的侵害,从而延长其使用寿命。

除此之外,博物馆还积极开展文物保护科研工作。这包括研究文物的保存技术和方法,探索更加先进和有效的文物保护手段。通过科研工作,博物馆不断改进和完善文物保护的技术和措施,提高文物的保护水平和长期保存的可持续性。

3. 科技应用

随着科技的不断进步和应用,博物馆在文物保护工作中越来越多地采用各种科技手段,以提高文物保护和研究的效率和准确性。其中,数字化技术是一项被广泛运用的重要手段之一。通过数字化技术,博物馆可以对文物进行三维扫描和建模,以记录其真实的形态和结构。这种技术能够高精度地还原文物的外观和细节,为文物的保护、展示和研究提供了可靠的数据基础。同时,数字化技术还可以实现文物的虚拟展示和在线展览,使更多的人能够通过网络平台近距离欣赏珍贵的文物,推动文化遗产的传播和交流。

除了数字化技术,博物馆还广泛应用光谱技术对文物进行分析和检测。例如,利用红外线、紫外线等光谱技术可以揭示文物的内部结构和材料成分,帮助鉴定文物的真伪和年代。这些技术手段能够非破坏性地对文物进行检测和分析,保护了文物的完整性和原始状态,为文物保护和研究提供了重要的科学依据。

博物馆还积极探索其他高新技术在文物保护中的应用。例如,利用先进的材料科学和工程技术,开发新型的文物保护材料和设备,提高文物保护的效果和持久性。同时,人工智能技术也被应用于文物保护的领域,通过智能化的监测和管理系统,实现对文物环境和状态的实时监测和控制,及时发现和处理潜在的危险因素,保障文物的安全和完整性。

第二节 可移动文物保护存在的主要问题与挑战

可移动文物的保护工作面临着诸多问题与挑战,包括存在的管理漏洞与技术难题,以及社会与环境因素对文物保护的影响。

一、存在的管理漏洞与技术难题

（一）文物保管条件不足

1. 保管设施老化

（1）库房建筑老旧

①年代久远

许多博物馆的库房建筑由来已久，可能建造于几十年甚至几个世纪之前。这些建筑经历了时间的洗礼，可能存在结构老化、材料腐蚀等问题，导致建筑的稳定性和耐久性受到影响。

②结构不稳定

长期的使用和自然因素的影响可能导致库房建筑的结构逐渐变得不稳定。例如，墙体可能出现开裂，地基可能发生下陷，屋顶可能出现漏水等问题，这些都会影响库房的整体结构稳定性。

③材料质量不佳

部分历史久远的库房建筑可能使用了质量不佳的建筑材料，或者在建造过程中采用了不规范的施工方法，导致建筑质量存在隐患。例如，使用了劣质的砖石、木材或水泥等材料，可能容易受潮、腐蚀或破损。

（2）设备陈旧

①年限过长

库房设备的寿命通常有限，长时间的使用可能导致设备性能下降。例如，环境监测设备、空调系统、灭火系统等都需要定期维护和更新，但如果长时间未进行维护和更新，设备的功能可能会受到影响。

②技术更新不及时

随着科技的发展，新型的环境监测设备、安全设备等不断涌现，但一些博物馆可能未及时更新设备，导致仍在使用陈旧的设备。这些设备可能无法满足现代化的文物保管需求，影响了对文物保护的有效性。

③性能下降

陈旧的设备可能性能下降，无法提供稳定的环境控制和安全保障。例如，陈旧的空调系统可能无法维持恒定的温度和湿度，陈旧的灭火系统可能无法及时响应火灾警报，这些都会对文物的安全造成威胁。

（3）风险分析

①环境失控风险

库房建筑老化问题可能导致环境失控风险增加。例如，墙体开裂和屋顶漏水可能导致库房内部的温湿度失控，从而对文物的保存造成危害，导致文物受潮、发霉等问题。

②安全保障不足

设备陈旧问题可能导致安全保障措施不足，增加文物受损风险。例如，灭火系统的性能下降可能导致火灾发生时无法及时扑灭，进而造成文物的严重损失。

③文物保存风险

综合考虑库房建筑老化和设备陈旧问题，文物保存风险可能显著增加。如果库房建筑和设备无法提供足够的保护和环境控制，文物将面临严重的受损甚至丧失风险。

2. 恒温恒湿设备不足

（1）保存环境要求

文物需要在恒定的温度和湿度条件下保存，以防止纸质文物变脆、油画脱落等问题。然而，一些博物馆的恒温恒湿设备不足，无法提供稳定的环境条件，导致文物容易受到温湿度等环境因素的影响。

（2）设备不足原因

恒温恒湿设备不足的原因可能包括设备损坏、维护困难、经费不足等。这些因素导致博物馆无法及时修复或更新设备，无法满足对文物保管环境的要求，增加了文物保存风险。

（3）环境变化风险

由于恒温恒湿设备不足，博物馆文物保管环境无法保持稳定，文物容易受到湿度、温度等环境因素的影响而受损。温度波动可能导致文物材料的膨胀和收缩，湿度变化可能导致纸张变形、油画开裂等问题，加剧了文物的保存风险。

3. 存放方式不当

（1）存放密度过高

由于博物馆收藏文物众多，一些博物馆可能存在存放密度过高的问题。文物存放密度过高会导致文物之间相互挤压、摩擦，增加了文物的损坏风险。

（2）摆放不当

另外，一些博物馆在文物摆放方面可能存在不当的问题。例如，文物可能被放置在容易受到阳光直射或气流干扰的位置，这些不当的摆放方式可能导致文物受到额外的损害。

（3）风险评估

存放方式不当会增加文物的损坏风险。过高的存放密度和不当的摆放方式可能导致文物受到挤压、摩擦、日晒等影响，加速了文物的老化和退化，增加了修复和保护的难度和成本。

4. 缺乏专业保管人员

（1）人力不足

一些博物馆可能由于经费限制或其他原因，导致保管人员数量不足。缺乏足够的保管人员会影响文物的日常管理和保护工作，容易出现管理上的疏漏。

（2）专业知识不足

文物保管需要具备专业知识和技能，包括对文物材质、保存环境、危害因素等方面有深入的了解。然而，一些博物馆的保管人员可能缺乏必要的培训和学习机会，导致其素质不足，难以胜任文物保管的工作。

（3）管理疏漏

由于人力不足或专业知识不足，博物馆保管人员可能存在管理上的疏漏。例如，未能及时发现文物的损坏状况，未能制定有效的文物保护计划，或者未能妥善处理文物保管过程中的意外事件，都可能导致文物受损或遗失。

（二）文物修复技术不足

1. 对复杂材质文物的修复技术挑战

（1）陶瓷文物修复挑战

陶瓷文物因其脆弱性和复杂的结构而增加了修复的难度。修复过程中需要考虑到陶瓷的破损形态、釉面处理、胶黏剂选择等因素，需要高水平的技术和经验支持。

（2）玻璃文物修复挑战

玻璃文物的修复需要考虑到玻璃的透明性、脆弱性以及特殊的断裂形态，修复过程中需要使用特殊的胶黏剂和技术手段，确保修复后的文物完整性和透明度。

（3）金属文物修复挑战

金属文物的修复需要考虑到金属的氧化、腐蚀、变形等问题，修复过程中需要进行金属表面的清洗、防锈处理以及结构重建等工作，需要专业的技术和设备支持。

2. 缺乏专业修复人员

（1）专业技术要求

文物修复需要经验丰富、技术娴熟的专业人员，他们需要具备对文物材质、结构和损伤形态的深入理解，以及熟练掌握各种修复技术和方法。

（2）人才短缺问题

一些博物馆缺乏经验丰富的专业修复人员，这可能是由于专业人才培养渠道不畅、薪酬待遇不佳等原因导致的。缺乏专业人才会导致文物修复工作难以进行或修复效果不佳。

3. 材料匮乏

（1）特殊材料需求

一些特殊材质的文物修复所需的材料可能难以获取，例如古代染料、胶黏剂等，这会限制文物修复工作的开展。特殊材料的匮乏会使得文物修复过程中的材料选择和修复方法受到限制。

（2）材料品质问题

即使能够获取到所需材料，其品质和性能也可能参差不齐，影响修复效果。因此，需要更加广泛的材料研究和开发，以满足不同文物修复需求的材料要求。

4. 修复工艺不完善

（1）保护性修复不足

目前的文物修复工艺可能存在保护性修复不足的问题。修复过程中，如果未能充分考虑到文物材料的特性和保护需求，可能会造成修复后文物的进一步损伤或老化。

（2）修复后稳定性问题

文物修复后的稳定性也是一个关键问题。修复过程中使用的材料和技术是否能够保证文物长期稳定，避免再次受损，需要进行更深入的研究和改进。

（3）工艺标准化和规范化

为了提高文物修复工艺的水平，需要制定更加严格的修复工艺标准和规范，确保修复工作能够按照科学、规范的程序进行，保证修复效果的质量和持久性。

二、社会与环境因素对文物保护的影响

（一）自然灾害

1.地震

（1）建筑结构倒塌

地震可能导致博物馆建筑物的结构受损，甚至倒塌，给文物保护带来严重威胁。特别是对于历史建筑或结构脆弱的建筑，地震的影响更为严重，可能导致文物的彻底丧失。

（2）文物受损

地震引发的建筑物震动和倒塌可能导致文物摔落、碰撞或被埋压，造成文物的破损、变形或丧失。尤其是对于重量较大或易碎的文物，其受损程度可能更为严重。

（3）后续灾害

地震后可能引发火灾、洪水等次生灾害，进一步加剧文物的损失。火灾可能由地震造成的电线短路、气体泄漏等引发，洪水可能由于地震导致的堤坝破裂或河道堵塞而产生。

2.洪水

（1）淹水损害

洪水可能导致博物馆库房、展览厅等场所被淹没，文物遭受浸泡和水患，从而造成严重的腐蚀、破坏和永久性损失。水的侵入会破坏文物的结构和表面，使其变得脆弱，甚至完全失去保存价值。

（2）湿气影响

即使没有完全淹没，洪水也会导致室内湿度急剧增加，进而导致文物受潮、发霉等问题。湿气会促进文物的腐蚀和生物生长，加速其破坏过程。

（3）泥沙淤积

洪水过后可能会留下大量的泥沙淤积在建筑内部或文物表面，这些泥沙可能对文物造成机械损伤，同时也会对文物的外观和表面造成污染，加重修复难度。

3.暴风雨和风灾

（1）建筑结构受损

强风可能导致建筑物的倒塌或部分结构受损，从而对文物保护带来威胁。尤其是对于建筑结构本身就不稳固的博物馆，风灾的影响可能更为严重。

（2）内部渗漏

暴雨可能引发建筑内部的渗漏问题，导致文物受潮、发霉等。水的渗透会使文物受到直接的损害，并可能引发文物表面的腐蚀和变质。

4. 干旱和高温

（1）材质变质

干旱和高温天气可能导致文物受到干燥和日晒的影响，使得一些有机物质文物变质、龟裂，对文物的长期保存造成威胁。例如，木质文物可能因干燥而开裂、变形，纸质文物可能因干燥而脆化、变黄。

（2）维护困难

干旱和高温天气条件下，博物馆需要增加对文物保存环境的监控和维护工作，例如加强空调系统、提供足够的湿度调节等措施，以确保文物的保存环境处于适宜的状态。然而，由于干旱和高温天气可能持续时间较长，加之博物馆维护成本较高，可能会导致博物馆在保护文物方面存在一定困难。

（3）加速腐蚀

高温天气下，一些金属文物可能因氧化速度加快而加速腐蚀，导致金属文物表面产生锈斑或腐蚀，严重影响文物的美观和保存状况。此外，高温天气下化学反应的速率增加，可能对一些有机物质文物造成进一步的分解和变质。

（二）人为破坏

1. 盗窃

盗窃行为对博物馆和文物的保护构成了严重威胁，主要表现为目标文物和非法交易两个方面。

第一，盗窃犯罪分子通常以具有极高历史价值或艺术价值的文物为目标。这些文物可能是古代历史上的珍贵遗物，也可能是著名艺术家的名作品，或者是稀有珍品如珠宝、瓷器等。由于这些文物的稀有性和价值高昂，它们成为盗窃者追逐的对象。盗窃行为可能是精心策划的，盗窃者可能通过各种手段获取文物的信息，选择合适的时间和地点进行盗窃，从而达到非法获取文物的目的。

第二，被盗窃的文物通常被用于非法交易。这种非法交易可能是通过地下交易网络进行的，也可能是在黑市上进行的。盗窃者往往会试图将文物私下出售给私人收藏家、拍卖行或国际市场，以获取高额利润。这种非法交易的背后往往伴随着黑色产业链的存在，可能牵涉到跨国犯罪组织，给文物的保护和追回带来了极大的困难。

2. 损毁和破坏

损毁和破坏对文物的保护构成了严重威胁，主要表现为游客误操作和恶意破坏两个方面。

第一，游客误操作是造成文物受损或毁坏的一个主要原因。一些博物馆内的文物可能被展示在触摸区域或与游客近距离接触的地方，这增加了游客误操作的风险。游客可能会因为不慎触摸文物表面，导致文物表面被油污、污渍或污垢污染。更严重的情况下，游客可能会故意刻画、抓挠或撕扯文物表面，导致文物表面损坏或破坏，甚至引发文物整体结构的破坏。这种误操作可能是由于游客对文物保护意识不足，或是出于好奇心或探索欲而导致的，但其结果却可能给文物带来不可逆转的损害。

第二，恶意破坏也是文物受损或毁坏的重要原因之一。恶意破坏可能是出于个人行为，也可能是受到社会、政治等因素的影响。一些人可能出于不满、愤怒或对特定文化、历史背景的偏见，而对文物进行恶意破坏。这种行为往往不仅对文物本身造成了损害，还可能对博物馆的声誉和社会秩序造成负面影响。恶意破坏可能会表现为对文物表面的刻画、涂抹或损坏，或是对文物整体结构的毁坏，导致文物无法修复或丧失其历史、文化价值。

3. 战争和冲突

战争和冲突对文物保护造成了严重威胁，主要体现在战火波及和文物移交两个方面。

第一，战争和冲突可能导致战火波及文物。在战争爆发或冲突加剧的情况下，博物馆所在地区往往会陷入动荡的局面。这种动荡不仅使得文物保护难以得到有效的实施，更可能直接导致文物受到战火波及。战争中的军事行动可能无意间损坏博物馆建筑物，导致文物所在场所遭到破坏。此外，战争中的冲突双方可能会将博物馆文物作为攻击目标，或将其视为战争工具，从而有意破坏文物。这种情况下，文物可能被故意破坏、盗窃或失窃，造成无法挽回的损失。

第二，为了保护文物免受战争和冲突的影响，一些博物馆可能会选择将文物移交到安全地区。然而，文物移交并非易事，其中包含着诸多困难和风险。在紧急情况下，文物的移交可能会受到时间、交通、安全等多方面的限制，使得移交过程中文物可能面临遗失、被损坏或被盗窃的风险。此外，即使文物成功移交到安全地区，其在临时存放地的保护和管理也需要精心策划和实施，以确保文物的安全。

4. 建设和开发

建设和开发对于文物保护产生了诸多影响，其中包括拆迁和环境变化两个重要方面。

第一，拆迁是建设和开发活动可能导致的主要问题之一。建筑物的拆迁可能直接影响到文物的存在和保存。在拆迁过程中，如果没有得到充分的重视和保护，文物可能面临被毁坏、遗失或严重受损的风险。而文物的保护和转移在拆迁过程中也面临诸多技术和管理上的难题，如保护手段的选择、移动方案的制定以及运输过程中的安全等。

第二，建设和开发活动可能导致文物所在地区的环境发生变化。这种环境变化可能是由于土地利用方式的改变、城市化进程的加速等因素引起的。例如，文物所在地区可能由原来的农村环境转变为城市环境，这可能导致环境污染、噪声、震动等问题，对文物的保存和保护造成负面影响。此外，建设和开发活动可能导致文物所在地区的自然生态系统受到破坏，进而影响到文物的生存环境和周围环境的稳定性。

第四章　可移动文物的保护原则与理念

可移动文物的保护原则与理念是指在文物保护工作中所遵循的基本准则和理念，旨在保护文物的完整性和价值，传承文化遗产。本章将探讨可移动文物的保护原则与理念（见图 4-1）。

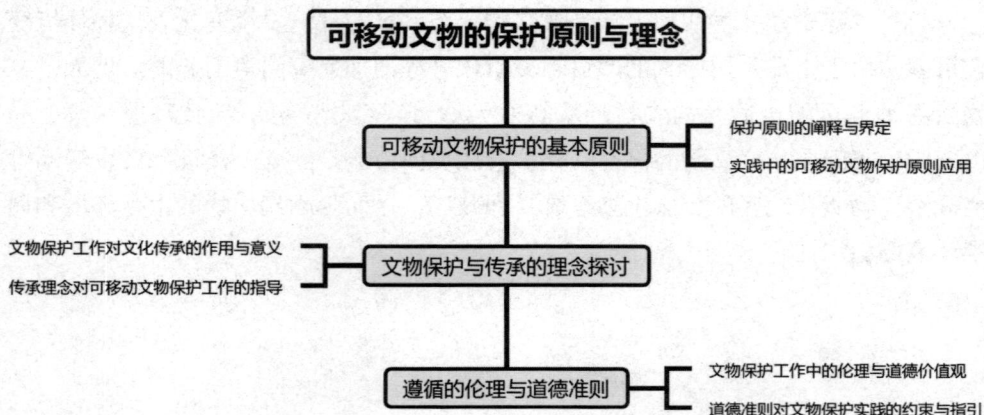

图 4-1　可移动文物的保护原则与理念架构图

第一节　可移动文物保护的基本原则

一、保护原则的阐释与界定

（一）文物完整性原则

文物完整性原则是指在文物保护工作中要尊重文物的原始状态和历史文化内涵，保持其完整性和真实性。以下是关于文物完整性原则的详细介绍（见图4-2）。

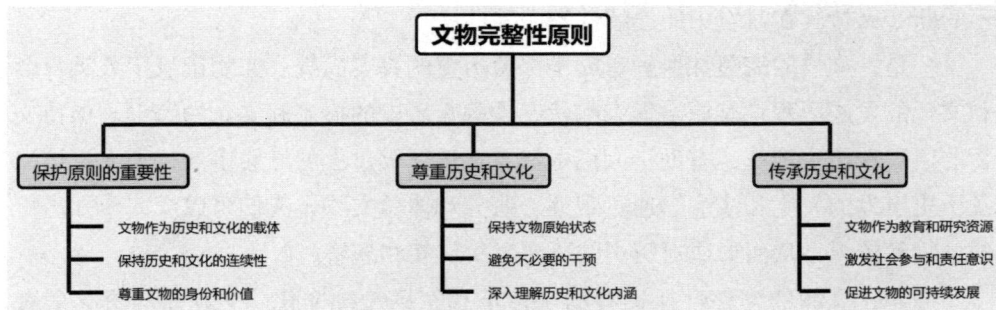

图 4-2　文物完整性原则架构图

1. 保护原则的重要性

（1）文物作为历史和文化的载体

文物作为历史和文化的载体承载着人类文明的丰富内涵和丰富多彩的历史记忆。它们是过去时代的见证者和记录者，记录了人类社会、文化和生活方式的演变和发展。无论是古代的陶瓷器、青铜器，还是中世纪的绘画作品、雕塑品，抑或近现代的手稿、档案，每一件文物都是历史的活字典，都承载着独特而宝贵的历史信息和文化精神。

文物不仅是物质实体，更是历史时空中的珍贵遗迹。它们的存在和保存，不仅仅是为了满足人们的审美需求或者是文化娱乐，更是为了让后人能够从中了解和学习过去的智慧和经验，进而启迪未来的发展。文物蕴含着丰富的历史信息和文化价值，是人类文明的真实写照和活生生的历史见证者。正是这些文物，承载着人类文明的记忆，延续着人类文化的脉络，为后人提供了解历史、探索文化的重要窗口。

因此，保护文物的完整性就是在保护人类文明的根基和精神财富。这种保护不仅仅是对物质形态的保护，更重要的是对历史和文化的传承与弘扬。只有通过保护文物，才能够确保历史的真实性得以保持，文化的传统得以延续，人类文明得以永续。因此，文物保护不仅仅是一项技术性的工作，更是一项文明的责任和使命，需要得到全社会的高度重视和广泛参与。只有通过共同的努力和合作，才能够确保文物得到有效的保护和传承，为人类社会的可持续发展贡献更多的智慧和力量。

（2）保持历史和文化的连续性

文物作为历史和文化的见证者，承载着丰富的历史信息和文化内涵，是连接过去、现在和未来的纽带。通过保护文物的完整性，可以确保历史和文化的传承不间断，保持其在时空中的连续性和完整性。

一是，文物的完整性保护有助于保留历史的真实面貌。文物记录了人类社会和文化的发展历程，其原始形态和状态承载着历史的痕迹和文化的印记。保持文物的原貌和历史特征，有助于人们更加直观地了解过去的社会生活、人文风情以及历史事件的发生和演变。通过观察、研究和体验文物，人们可以深入感知历史的延续和传承，从而形成对历史的更深层次认知和理解。

二是，文物的完整性保护有助于传承和弘扬传统文化。文物作为文化的载体，承载着丰富多彩的传统文化内涵和智慧精华。通过保护文物的完整性，可以确保这些传统文化的传承不断，让后人能够从中汲取智慧和启示。保持文物的原始形态和状态，有助于人们更好地感知传统文化的魅力和内涵，加深对传统文化的认同和尊重。同时，传统文化的传承也为当代社会提供了宝贵的文化资源和精神支柱，促进社会的文明进步和谐发展。

（3）尊重文物的身份和价值

作为历史和文化的见证者，文物具有独特的身份和不可替代的价值，承载着人类文明的记忆和精神。在文物保护工作中，尊重文物的身份和价值意味着对其进行妥善保护，不随意改变其原始状态，不破坏其历史特征，以维护其作为历史文化遗产的尊严和荣耀。

首先，尊重文物的身份和价值体现了对历史的尊重和珍视。文物是历史的见证者，承载着过去社会的记忆和故事。每一件文物都有其独特的历史背景和文化内涵，代表着特定时期和地域的人文精神和智慧。因此，尊重文物的身份和价值意味着尊重历史的真实性和多样性，不对其进行篡改或伪造，让历史的真相得以展现。

其次，尊重文物的身份和价值体现了对文化的敬畏和保护。文物是文化传承的重要载体，承载着民族和人类的文化精髓。通过对文物的保护，可以传承和弘扬丰富多彩的文化传统，促进文化的多元发展和繁荣。因此，尊重文物的身份和价值意味着不仅要保护其物质形态，更要尊重其所代表的文化精神和历史意义，让文化遗产得以传承和发展。

最后，尊重文物的身份和价值也是对人类文明的尊重和呵护。文物是人类智慧和创造力的结晶，是人类文明的重要标志和象征。保护文物的完整性，不仅是对过去人类的劳动成果和文明成就的尊重，更是对未来人类的文化遗产和精神财富的传承和保护。因此，尊重文物的身份和价值意味着不仅是当代人的责任和义务，更是对未来世代的承诺和关怀，让文物作为历史和文化的见证者，永远闪耀着人类文明的光芒。

2. 尊重历史和文化

（1）保持文物原始状态

保持文物原始状态是文物保护工作中的重要原则之一，体现了对历史和文化的尊重和珍视。文物作为历史时期的产物，其形态和特征承载着当时社会、文化和技术的痕迹，因此保持其原始状态对于理解历史和文化具有重要意义。

一是，保持文物原始状态有助于保留历史的真实性和完整性。文物作为历史的见证者，记录着过去社会的生活方式、制度、技术和艺术等方面的信息。通过保持文物原始的形态和状态，可以尽可能真实地还原历史时期的景象和情景，让人们更加深入地了解历史的发展过程和变迁轨迹。

二是，保持文物原始状态有助于传承和弘扬文化传统。文物作为文化传承的重要载体，承载着民族和人类的文化精髓。保持文物原始的形态和特征，可以有效地传递文化的内涵和精神，让后人深刻感受到历史文化的厚重和博大，从而促进文化传统的传承和发展。

三是，保持文物原始状态还有助于提升文物的研究和教育价值。文物的形态和特征反映了当时社会、技术和文化的水平，对文物进行研究可以帮助人们了解历史时期的经济、政治、宗教等方面的情况，推动相关学科的发展和进步。同时，保持文物原始状态也有利于开展文物教育活动，让公众通过近距离接触文物，感受历史的魅力和文化的博大，增强文物保护意识和文化自信心。

（2）避免不必要的干预

尊重文物的完整性不仅意味着保持其原始状态，还包括在保护和修复过程中避免不必要的干预。这一原则是文物保护工作中的重要准则之一，体现了对文物历史和文化特征的尊重和珍视。

在文物保护和修复工作中，保护人员应当以谨慎的态度对待文物，充分认识到文物的独特性和脆弱性。过度的干预可能会对文物造成不可逆的损害，破坏其历史和文化特征，甚至导致其价值的丧失。因此，在处理文物时，应遵循"尽量少碰、尽量少动"的原则，仅在必要时进行维护和修复，尽量保持其原貌和原始状态。

避免不必要的干预还体现了对文物历史意义和文化内涵的尊重。文物作为历史和文化的见证者，承载着丰富的历史信息和文化价值。过度的修复和干预可能会导致文物失去原有的历史痕迹和文化特征，影响人们对历史和文化的理解和认知。因此，在文物保护和修复过程中，应注重保持其历史和文化特征的完整性，尽量减少对其进行改动和干预。

避免不必要的干预还可以提高文物保护工作的效率和成本效益。过度的修复和干预不仅增加了工作的复杂性和难度，还会增加保护成本和人力资源的投入。因此，合理把握文物保护和修复的干预程度，可以更好地保护文物，提高工作效率，降低成本投入。

（3）深入理解历史和文化内涵

深入理解文物的历史和文化内涵是文物保护和修复活动中至关重要的一环。文物作为历史和文化的见证者，承载着丰富的历史信息和文化价值，因此，保护人员需要通过深入的研究和理解，才能更好地把握文物的保护方向和方法，确保保护工作符合历史和文化的本真。

首先，深入理解文物的历史内涵意味着对其所属历史时期的背景和社会环境有着全面的了解。文物往往承载着特定历史时期的政治、经济、文化等方面的信息，只有深入了解文物所处的历史背景，才能更好地理解其产生背景和历史意义，从而确定保护和修复的方向和方法。

其次，深入理解文物的文化内涵意味着对其所代表的文化价值和意义有着深刻的认识。文物不仅是历史的载体，更是文化的象征，承载着特定文化传统和精神内涵。因此，保护人员需要通过深入研究和理解文物所代表的文化背景、艺术特色和价值观念，以确保保护工作不仅符合文物本身的特点，也能够体现其所代表的文化精神和价值。

在进行文物保护和修复活动时，保护人员还需要综合考虑文物的物质性和精神性特征，注重对其历史和文化内涵的尊重和体现。这意味着保护工作不仅要注重文物的物理形态和结构，还要重视其所蕴含的历史、文化和艺术内涵，在保护和修复过程中尽可能地保持其原貌和原始状态，以实现对文物的最佳保护和传承。

3. 传承历史和文化

（1）文物作为教育和研究资源

文物作为教育和研究资源具有不可替代的重要性，其完整性的保持对于将其作为教育和研究的重要资源传承下去至关重要。通过展示和研究文物，人们可以深入了解历史和文化，从而促进历史文化的传承和弘扬。

一是，文物作为历史和文化的见证者，承载着丰富的历史信息和文化价值，是历史教育和研究的重要载体。通过对文物的展示和解读，可以生动地展现历史事件、人物和社会风貌，使学生和研究者能够直观地了解和感受历史的厚重和文化的博大，从而加深对历史和文化的认知和理解。

二是，文物还是跨学科研究的重要资源。不同学科领域的研究者可以通过对文物的研究，从不同角度探讨历史、文化、艺术、考古等方面的问题，推动学科交叉和学术创新。例如，历史学家可以通过文物的研究重建历史事件的过程，考古学家可以通过文物的发掘揭示古代社会的生活和制度，艺术史学家可以通过文物的鉴赏探讨艺术风格和流派等，从而丰富了解人类社会和文化的多样性。

三是，文物作为教育和研究资源还可以促进文化交流和国际合作。不同国家和地区的文物展览和研究活动可以促进文化交流和理解，加深不同民族和文化之间的友谊和合作。通过共同开展文物保护和研究项目，各国可以共同保护和传承全球文化遗产，推动世界文明的共同进步。

（2）激发社会参与和责任意识

文物完整性的保护是一项需要社会各界共同参与和努力的事业。在这个过程中，加强公众教育和参与至关重要，可以有效激发社会对文物保护的责任意识和行动，共同为历史文化的传承和保护贡献力量。

一是，加强公众教育是培养社会参与和责任意识的关键。通过开展文物保护知识普及活动、举办讲座、展览等形式，向公众介绍文物的历史价值、保护方法和重要性，使更多人了解到文物保护事业的重要性和紧迫性，从而激发其参与的愿望和动力。

二是，建立和拓展社会参与机制是增强文物保护的有效途径。政府部门、文化机构、非政府组织等可以共同制定文物保护政策和计划，建立起多层次、多渠道的社会参与机制，吸引更多的社会力量积极参与到文物保护工作中来。同时，鼓励社会各界组织和个人参与文物保护志愿服务，通过实际行动为文物保护事业贡献自己的力量。

三是，加强社会监督和评估也是激发社会参与和责任意识的重要手段。建立起健全的文物保护监督机制，加强对文物保护工作的监督和评估，及时发现和纠正存在的问题，促进文物保护工作的规范化、专业化和透明化，从而提高社会对文物保护工作的信任度和参与度。

四是，倡导文物保护的社会共识是激发社会参与和责任意识的重要前提。政府部门、文化界、学术界、媒体等各方应当共同弘扬尊重历史、珍惜文化遗产的理念，引导公众形成文物保护的社会共识，形成全社会共同关注、共同参与、共同保护文物的良好氛围。

（3）促进文物的可持续发展

保持文物的完整性是促进文物可持续发展的关键。文物作为历史和文化的见证者，承载着丰富的历史信息和文化内涵，对于人类的可持续发展具有重要意义。只有通过持续地保护、传承和利用，才能充分发挥文物作为历史和文化资源的潜力，为人类的可持续发展做出积极贡献。

一是，保持文物的完整性有助于保护历史和文化遗产。文物作为历史的见证者，承载着丰富的历史信息和文化内涵，是人类文明的重要组成部分。通过保护文物的完整性，可以确保这些珍贵的历史和文化遗产得以永久保存，为后人了解和研究历史文化提供重要依据。

二是，保持文物的完整性有助于传承文化精髓。文物所包含的历史信息和文化内涵是人类智慧和创造的结晶，对于传承和弘扬民族文化具有重要意义。通过保持文物的完整性，可以确保其历史和文化内涵得以传承，激发人们对传统文化的认同感和自豪感，促进文化的传承和发展。

三是，保持文物的完整性有助于促进旅游业的可持续发展。许多文物是重要的旅游资源，吸引着大量游客前来参观和游览。通过保持文物的完整性，可以保护这些重要的旅游资源，促进旅游业的可持续发展，带动当地经济的增长，改善人民生活水平。

四是，保持文物的完整性还有助于推动文化产业的发展。文物作为历史和文化资源，可以为文化产业提供丰富的内容和素材。通过保持文物的完整性，可以激发文化创意产业的发展，推动文化产品和服务的创新，为文化产业的可持续发展注入新的活力。

（二）最佳实践原则

最佳实践原则是指在文物保护领域中，为保护文物提供科学、专业、符合国际标准的指导原则。以下是关于最佳实践原则的详细介绍（见图4-3）。

```
                    最佳实践原则
        ┌───────────────┼───────────────┐
    科学与专业          国际标准与行业指导      政策与方针制定
    │科学研究与评估      │遵循国际标准          │充分考虑国际实践
    │保护计划与修复方案   │参考国际经验          │推动规范化与标准化
    │专业技术与材料应用   │交流与合作            │促进国际合作与交流
```

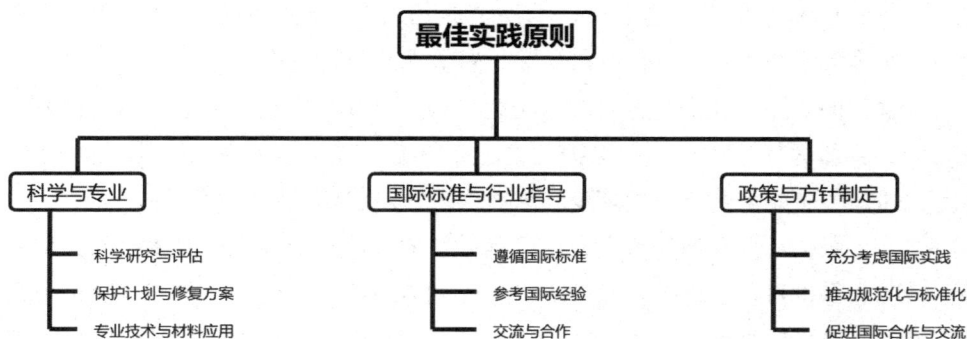

图 4-3　最佳实践原则架构图

1. 科学与专业

（1）科学研究与评估

最佳实践原则对文物保护的科学研究和评估提出了重要要求。这一原则强调了利用现代科学技术手段进行文物研究和评估的重要性，旨在全面了解文物的特征和状况，为有效地保护和修复提供科学依据。

一是，科学研究和评估需要利用现代科学技术手段。这包括使用 X 射线、红外线等先进技术对文物进行材料成分分析、结构和状态评估。通过这些技术手段，可以非破坏性地获取文物内部结构和成分信息，了解文物的材料特性、制作工艺和保存状况。

二是，科学研究和评估需要全面深入地了解文物的特征和状况。这需要对文物进行综合性的分析和评估，包括对其材料、结构、损伤情况等方面进行系统观察和评估。通过全面的研究和评估，可以全面了解文物的保存状态，为后续的保护和修复工作提供科学依据。

三是，科学研究和评估需要结合文物保护的实际需求和特点。不同类型的文物可能存在不同的保存问题和挑战，因此需要针对性地选择科学研究方法和评估指标。同时，还需要考虑文物的历史和文化背景，确保科学研究和评估的结果能够充分体现文物的历史和文化价值。

四是，科学研究和评估的结果应当为文物保护和修复提供科学依据和技术支持。通过科学的研究和评估，可以为文物的保护和修复提供准确的数据和分析结果，指导后续的保护工作，确保文物得到有效的保护和传承。

（2）保护计划与修复方案

在文物保护和修复工作中，制定科学的保护计划和修复方案是至关重要的一环。这些计划和方案应该建立在科学评估的基础上，充分考虑文物的状况和特性，旨在确保保护和修复工作的科学性、有效性和可持续性。

一是，保护计划和修复方案应该明确保护的目标。这包括确定文物保护的整体目标和具体的保护重点，如保护文物的完整性、延长其寿命、恢复其原貌等。同时，还需要考虑文物所处的环境和风险因素，制定相应的应对措施。

二是，保护计划和修复方案应该明确采取的方法和措施。这需要根据文物的具体情况和保护目标，选择合适的保护方法和修复技术。例如，对于古建筑类文物，可能需要采取加固、防水、防火等措施，而对于文物的表面保护，则可能需要进行清洁、修复、防腐等处理。

三是，保护计划和修复方案还应该考虑到保护工作的实施过程和管理机制。这包括确定保护工作的时间计划、人力物力投入、责任分工等，确保保护工作的顺利实施和有效管理。同时，还需要建立监测和评估机制，定期对保护工作进行检查和评估，及时调整和完善保护计划和修复方案。

四是，保护计划和修复方案还应该注重可持续性和社会参与。这意味着需要考虑到文物保护工作对环境、社会和经济的影响，制定可持续发展的保护策略和方案。同时，还需要积极引导社会各界的参与，促进公众对文物保护工作的理解和支持，形成共同参与、共同保护的良好局面。

（3）专业技术与材料应用

在文物保护和修复工作中，采用专业的技术和材料至关重要。最佳实践原则要求保护人员具备专业知识和技能，并且使用符合国际标准和行业规范的保护材料和工艺，以确保保护工作的质量和可持续性。

首先，保护人员需要接受专业的培训，并具备扎实的专业知识和技能。这包括对文物保护理论、技术和方法的深入了解，以及对相关领域的专业知识的掌握。通过系统地培训和学习，保护人员可以更好地理解文物的特性和状况，从而制定科学的保护方案和修复方案，并正确使用保护材料和工艺。

其次，采用符合国际标准和行业规范的保护材料和工艺是保护工作的关键。这些材料和工艺应该具有良好的稳定性、耐久性和环境适应性，能够有效保护文物并延长其寿命。例如，在文物修复过程中，应选用符合文物材质特性和保护要求的修复材料，如针对古建筑的传统材料或针对文物表面的特殊保护涂料等。

此外，保护工作还需要遵循科学的保护原则和方法。这包括采用非破坏性的检测技术，如 X 射线、红外线等，对文物进行材料成分分析、结构和状态评估等，以全面了解文物的特征和状况。通过科学评估，可以更好地把握保护工作的方向和重点，确保保护工作的科学性和有效性。

最后，保护工作需要建立有效的监测和评估机制，及时检查和评估保护效果，并根据评估结果调整和改进保护方案。这需要保护人员具备专业的监测和评估技能，并且能够准确判断保护工作的效果和问题，并及时采取相应的措施进行修正和改进。

2. 国际标准与行业指导

（1）遵循国际标准

在文物保护和修复领域，遵循国际标准是确保保护工作专业性和国际性的重要保证。最佳实践原则要求保护实践应当符合国际标准和行业指导原则，其中包括遵循国际文物保护组织（ICOM）和国际文物修复委员会（ICR）等机构发布的相关指南和规范。

首先，国际文物保护组织（ICOM）作为全球最具权威性的文物保护组织之一，致力于制定和推广文物保护的最佳实践。其发布的《文物保护准则》为文物保护提供了全面的指导，涵盖了文物保护的各个方面，包括保护原则、伦理规范、风险管理等，成为文物保护领域的重要参考依据。

其次，国际文物修复委员会（ICR）是专门负责文物修复和保护的国际性组织，其发布的《文物修复指南》等文献对文物修复工作提供了重要的指导和规范。这些指南包括了文物修复的原则、方法、技术和材料的选择等内容，为保护人员在文物修复工作中提供了有益的参考和指导。

遵循国际标准和行业指导原则，有助于保护工作者了解全球文物保护领域的最新进展和共识，提高其保护工作的专业水平和国际影响力。此外，国际标准还可以促进国际的交流与合作，加强各国在文物保护领域的合作和交流，共同应对文物保护面临的挑战。

（2）参考国际经验

在文物保护和修复领域，借鉴和参考国际上的最佳实践和经验是提升保护水平和能力的重要途径。最佳实践要求保护工作者了解和学习其他国家和地区的文物保护经验，吸收其成功的保护方法和管理模式，以不断提升自身的保护水平和能力。

一是，借鉴国际经验有助于拓宽保护工作者的视野和思路。不同国家和地区在文物保护方面拥有丰富的经验和独特的管理模式，通过学习和借鉴，可以为保护工作注入新的理念和方法，提升保护工作的科学性和有效性。

二是，借鉴国际经验有助于解决保护工作中的难题和挑战。在文物保护和修复过程中，常常会遇到各种复杂的问题，而国际上已有的成功案例和经验可以为解决这些问题提供宝贵的参考和借鉴，帮助保护工作者更加理性地应对挑战。

三是，借鉴国际经验还可以促进国际的交流与合作。通过与其他国家和地区的文物保护机构和专家建立联系，进行经验分享和合作交流，可以促进各国在文物保护领域的共同发展，共同应对全球文物保护面临的挑战。

（3）交流与合作

在文物保护领域，开展国际的交流与合作是促进最佳实践的重要途径之一。最佳实践原则鼓励与其他国家和地区的文物保护机构、专家和学者进行广泛的交流和合作，旨在共同解决文物保护面临的挑战和问题，推动国际文物保护事业的发展和进步。

一是，国际的交流与合作有助于分享经验和智慧。不同国家和地区在文物保护方面拥有独特的经验和技术，通过交流与合作，可以相互学习、借鉴彼此的成功经验和先进技术，从而提升各自的保护水平。

二是，国际的交流与合作有助于共同应对挑战和问题。文物保护工作常常面临各种复杂的挑战，如自然灾害、文物盗窃等，而这些问题往往是跨国界的。通过国际的交流与合作，可以共同研究解决方案，加强国际的协作，共同应对各种挑战，保护文物的安全和完整性。

三是，国际的交流与合作还有助于推动文物保护事业的全球化发展。文物是人类共同的财富，其保护事业应当超越国界，形成全球合作的格局。通过加强国际的交流与合作，可以促进文物保护事业的全球合作与发展，共同推动人类文明的传承和发展。

3. 政策与方针制定

（1）充分考虑国际实践

在制定文物保护政策和方针时，必须充分考虑国际上的最佳实践和经验。最佳实践原则要求审议和参考国际标准和行业指导，结合国内实际情况，制定符合国际水平和本国情况的保护政策和方针。这一举措至关重要，因为文物保护事业涉及丰富的历史、文化和技术领域，需要综合考量各方面的因素，而国际实践往往能够提供宝贵的参考和借鉴。

一是，审议和参考国际标准和行业指导有助于借鉴其他国家和地区的成功经验和先进技术。在国际文物保护领域，已经形成了一系列成熟的标准和指导原则，例如由国际文物保护组织（ICOMOS）和国际博物馆协会（ICOM）发布的各种指南和规范。这些标准和指南不仅是对成功实践的总结，也是对保护工作的科学规划和指导，可以为制定本国的保护政策提供宝贵的参考。

二是，结合国内实际情况，制定符合国际水平和本国情况的保护政策和方针，有助于实现文物保护工作的有效推进。每个国家的历史、文化和资源状况都不同，因此需要根据本国的实际情况进行具体分析和制定相应的政策。通过结合国内外的经验和实践，可以更好地理解文物保护面临的挑战和机遇，制定出更为科学和实用的保护政策，推动文物保护事业的持续发展。

（2）推动规范化与标准化

在推动文物保护工作的规范化和标准化方面，最佳实践原则要求建立健全的法律法规和管理制度，明确文物保护的责任和义务，统一保护工作的标准和要求，以推动文物保护工作的规范化和专业化发展。这一举措的重要性在于确保文物保护工作的科学性、合法性和持续性，有利于实现文物保护工作的有效推进和管理。

一是，建立健全的法律法规和管理制度是推动文物保护工作规范化的关键步骤。通过立法机构制定相关的法律和法规，明确文物的定义、分类、保护范围和保护措施等内容，为文物保护工作提供法律依据和规范。同时，建立健全的管理制度，明确文物保护的责任部门和管理机构，规范保护工作的组织和实施，有利于提高保护工作的效率和质量。

二是，明确文物保护的责任和义务是推动文物保护工作规范化的重要前提。各级政府和相关部门应当明确自身在文物保护工作中的责任和义务，包括保护文物的基本原则、保护范围和保护要求等，确保文物保护工作得到有效的组织和管理。

三是，统一保护工作的标准和要求是推动文物保护工作规范化的关键举措。在文物保护领域，需要制定统一的保护标准和技术规范，明确文物保护的基本原则和方法，规范保护工作的操作流程和技术要求，以确保保护工作的科学性和专业性。

（3）促进国际合作与交流

在推进文物保护事业的全球发展和进步方面，最佳实践原则强调了加强国际合作与交流的重要性。这一举措的核心在于通过与其他国家和地区的文物保护机构和组织展开合作，共同制定和推动国际性的文物保护政策和标准，从而促进全球文物保护事业的共同发展和进步。

一是，加强国际合作与交流有助于促进各国之间的经验共享和资源共享。不同国家和地区面临着不同的文物保护挑战和问题，而通过开展合作与交流，可以借鉴他国的成功经验和有效做法，从而更好地应对本国的文物保护工作中遇到的困难和挑战。

二是，国际合作与交流还有助于推动国际性的文物保护政策和标准的制定和推广。在全球化的背景下，各国文物保护工作之间的协调与合作显得尤为重要。通过与其他国家和地区的文物保护机构和组织开展合作，可以共同制定和推动国际性的文物保护政策和标准，提高全球文物保护事业的水平和标准化程度。

三是，加强国际合作与交流还有助于扩大文物保护工作的影响力和可持续性。通过与其他国家和地区的合作，可以扩大文物保护工作的影响范围，吸引更多的国际合作伙伴和资源投入到文物保护事业中，从而实现文物保护工作的可持续发展。

（三）可持续性原则

在文物保护工作中，可持续性原则是确保文物长期保护和传承的重要指导原则（见图 4-4）。

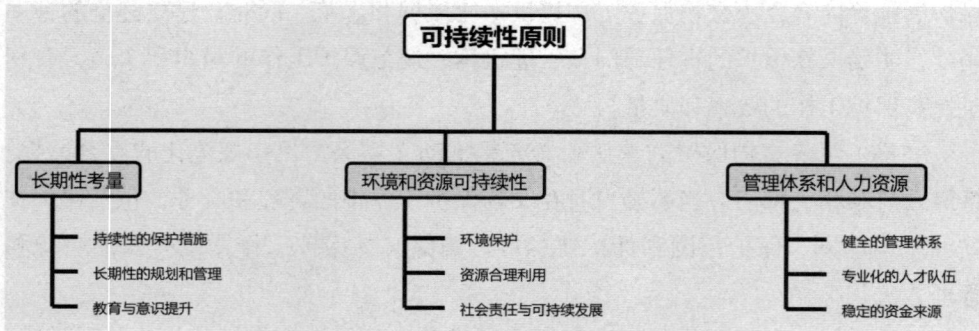

图 4-4　可持续性原则架构图

1. 长期性考量

（1）持续性的保护措施

在文物保护领域，可持续性原则的执行离不开采取持续性的保护措施。这些措施旨在确保文物的长期保存和传承，包括但不限于定期检测、维护和修复文物的工作。通过实施这些措施，可以有效地延续文物的历史意义和文化传承，保障其价值的永久存在。

定期进行文物状况评估和监测是一项关键的持续性保护措施。通过对文物的定期检测和监测，可以及时了解文物的当前状态，发现潜在问题和风险，为采取进一步的保护措施提供重要信息。这种持续性的评估工作有助于确保文物的健康状况和长期保存，消除潜在的损害和危险。

此外，定期维护和修复工作也是持续性保护措施中的重要组成部分。通过定期维护文物，包括清洁、补充防护措施等工作，可以预防潜在的破坏和腐蚀，延长文物的寿命并保持其原始状态。同时，及时修复已经损坏的文物部分，促使其恢复原貌，使文物能够得到有效保护和保存。

因此，可持续性的保护措施是文物保护工作中必不可少的一环。通过定期检测、维护和修复文物，可以确保文物的持久保存和传承，保障其在历史和文化传统中的地位。持续性的保护措施有助于维护文物的完整性和价值，为后代留下宝贵的文化遗产，并实现文物保护工作的可持续发展。

（2）长期性的规划和管理

长期性的规划和管理对于文物保护工作的可持续性至关重要。在确保文物保护工作持续进行的同时，并遵循可持续性原则，需要制定长期的规划和管理策略。样的长期性规划和管理策略应该建立在全面考虑文物保护的基础上，包括文物的价值、状况和潜在风险等因素。

一是，建立期的保护目标是一个重要的步骤。该目标应该明确表达对文物保护的期望和要求，同时考虑文物的独特性和文化价值。这些目标可以包括保护文物的完整性、减少损坏和腐蚀、增强公众意识等方面。

二是，制定长远的发展规划和政策有助于确保文物保护工作能够稳定地进行。这些规划和政策应该考虑到文物保存、研究、展示等多个方面的需求。通过制定适用的政策和措施，可以促进文物保护工作的发展和进步，并确保其与社会发展和需求相协调。

三是，长期性的规划和管理还注重相关资源的合理利用和分配。这包括人力、财力和技术支持等方面的资源。合理规划和管理这些资源有助于提高文物保护工作的效率和质量，并确保其可持续发展。

（3）教育与意识提升

在文物保护领域，可持续性原则要求进行长期的教育和意识提升活动，以增强公众对文物保护的认识和重视程度。这种长期性的教育工作不仅有助于提高公众对文物保护的理解，还能培养公众的文物保护意识和责任感，从而推动文物保护工作的长远发展。

开展文物保护宣传教育是一项重要的活动。通过各种宣传渠道，如媒体、互联网等，向公众传递关于文物的知识和保护重要性，引导公众正确对待文物，促使他们积极参与到文物保护中来。同时，举办展览、讲座等活动也是教育公众的有效途径，可以增强公众对文物的关注度和认同感，激发他们对文物保护的兴趣和热情。

除了教育活动外，还应当注重培养公众的文物保护责任感。通过教育和宣传，让公众了解文物代表着文化遗产的珍贵，属于全社会共同拥有，每个人都应承担文物保护的责任。只有当公众形成了广泛的文物保护意识和责任感，才能真正推动文物保护事业的长期发展和持续进行。

因此，开展长期的教育和意识提升活动是文物保护工作不可或缺的一环。只有通过不断地宣传教育、展览讲座等形式，才能增强公众对文物保护的认识和重视程度，培养广大民众的文物保护意识和责任感，为文物保护工作的可持续发展奠定基础。这种长期性的教育工作对于推动文物保护事业向更好的方向发展具有重要意义。

2. 环境和资源可持续性

（1）环境保护

在文物保护工作中，可持续性原则要求保护活动不应对环境造成不可逆转的破坏。因此，采取环境友好型的保护措施至关重要，以保护自然生态环境，为文物保护创造良好的环境条件。

一个方面是节能减排。文物保护过程使用的设备和工具应尽量选择能源效率高、低污染排放的设备，并合理利用能源资源，减少能源消耗。例如，在展览和照明方面应使用低能耗的设备，并合理控制使用时间和亮度，以减少能源的浪费。

另一方面是减少污染排放。在文物保护活动中，应采取措施减少化学物质和废弃物的产生和排放，并确保这些物质的正确处理和处置。例如，在文物修复过程中，应使用环境友好型材料和方法，避免使用对环境有害的化学物质。对于废弃物的处理，要采取适当的措施进行分类、回收和处理，以减少对环境的负面影响。

通过采取这些环境友好型的保护措施，不仅可以保护自然生态环境，降低对环境的破坏，还能为文物的长期保护提供良好的环境条件。环境友好的保护措施有助于减轻对自然资源的消耗，降低对环境的污染，有效降低对文物的损害风险，从而实现文物保护工作的可持续发展。

（2）资源合理利用

在文物保护工作中，遵循可持续性原则要求合理利用资源，以确保文物保护工作的可持续发展。资源包括人力、财力、物质及技术支持等各方面的资源，其合理利用对于推动文物保护事业的发展至关重要。优化资源配置是有效实现资源合理利用的方式之一，通过科学规划和合理分配各项资源，使其能够最大限度地发挥作用。这不仅可以提高工作效率，还可以降低成本，从而确保文物保护工作的经济可持续发展。同时，提高资源利用效率也是关键所在。通过培训工作人员，引入先进技术和管理方法，使资源的利用更加高效和精准，进而推动文物保护工作向更为专业和科学的方向发展。减少资源浪费同样至关重要。在文物保护过程中，应当避免冗余和无效的资源使用，促进资源的循环利用和节约使用。通过减少资源浪费，不仅可以节约成本，还可以保护环境，实现文物保护工作的可持续发展。综合来看，合理利用资源是实现文物保护工作可持续发展的基础。通过优化资源配置、提高资源利用效率和减少资源浪费，可以有效推动文物保护事业向着更加健康、稳定和可持续的方向发展，使文物得到更好地保护和传承。这种资源合理利用的做法有助于提升文物保护工作的整体水平，确保文物保护工作能够长期稳定地进行，并为后代留下丰富的文化遗产。

（3）社会责任与可持续发展

可持续性原则要求文物保护工作应当承担社会责任，促进社会的可持续发展。这是因为文化不仅仅是一国一地的宝贵文化遗产，也是人类共同的精神财富。文物保护工作可持续发展需要依靠社会的支持和参与。

一方面，文物保护工作可以积极参与社会活动。通过组织公众参与文物保护志愿者活动、开展教育推广等方式，可以激发公众对文物保护的兴趣和参与意愿，培养社会的文物保护意识和责任感。此外，文物保护机构还可以积极与社区合作，共同开展相关社会服务项目，改善社区环境，提高居民生活品质，促进社区的可持续发展。

另一方面，文物保护工作也应当支持文化遗产的保护和传承。这包括与相关机构和组织合作，开展文化遗产研究、保护与传承工作，促进文化遗产的保护和传播。例如，通过举办展览、讲座、研讨会等活动，让更多人了解、认识和关注文化遗产，从而为文化遗产的可持续发展做出积极贡献。

在承担社会责任和促进可持续发展的过程中文物保护工作也能够获得更多的社会支持和资源投入，从而提升工作的效果和影响。同时，通过与社会各界的合作和协作，文物保护工作得以在更为宽广的范围内推进和发展，实现可持续性目标。

3. 管理体系和人力资源

（1）健全的管理体系

在文物保护领域，遵循可持续性原则要求建立健全的管理体系，以确保文物保护工作的持续进行。一个健全的管理体系是文物保护事业稳定发展的基础，它涉及管理机制、流程、规范和监督等多方面内容，对于保护工作的有效推进至关重要。

首先，建立完善的管理机制是关键。这包括设定明确的组织结构、职责分工和管理层级，确立规范的决策流程和沟通机制，以实现信息畅通、责任明确、协调配合的管理模式。通过建立健全的管理机制，可以有效地提高管理效率，保证保护工作的有序开展。

其次，建立规范的管理流程也是不可或缺的。明确的管理流程可以使各项工作有条不紊地进行，避免出现冗余、漏洞或延误。例如，在文物保护工作中，应当建立标准的程序和操作规范，规定文物检测、维护、修复等各项工作的步骤和要求，确保每个环节都能够得到科学、规范的执行。

最后，有效的监督机制也是不可或缺的一环。通过建立监督评估机制，可以对文物保护工作进行全面监督，及时发现问题和隐患，并采取相应措施加以解决。监督机制还可以促进工作人员的责任心和执行力，推动文物保护事业朝着更好的方向发展。

（2）专业化的人才队伍

可持续性原则要求培养和引进专业化的人才队伍，为文物保护工作提供人力支持。一个专业化的人才队伍是文物保护事业发展重要保障，能够提供专业的技术支持和管理能力，提高文物保护工作的专业水平和能力。

一是，加强文物保护人才的培训和教育是至关重要的。通过建立完善的培训体系和学习机制，提供全面的专业知识和技能培训，使文物保护人才掌握先进的保护理论和技术，提升其专业水平和综合能力。培训内容可包括文物保护理论、文物鉴定认定、文物修复与保护技术等方面的知识，以及相关的管理和组织技能。

二是，吸引和留住优秀的保护人才也是非常重要的。通过提供良好的职业发展机会、薪酬福利待遇、培训进修机会等，激励保护人才积极投身于文物保护事业。同时，要建立健全的晋升机制和评价体系，根据个人能力和贡献给予适当的奖励和晋升机会，吸引更多的人才加入文物保护工作中，并激发他们的创新和积极性。

三是，引进专业化的人才也应成为一个重要的环节。通过开展国际合作和引进国内外优秀的保护人才，可以引进新的理念、技术和经验，促进文物保护工作的创新和发展。这不仅可以提升整个人才队伍的专业水平，还有助于推动文物保护事业与国际接轨。

（3）稳定的资金来源

建立稳定的资金来源是符合可持续性原则的重要一环，对于确保文物保护工作的长期进行至关重要。资金来源的多样性和稳定性直接影响到文物保护事业的发展和成果。在筹集资金方面，政府拨款是最主要的来源之一。政府应当制定长期规划和预算，将文物保护列入重要议程，并确保为其提供足够财政支持。此外，社会捐赠也是重要资金来源之一。通过开展公益募捐活动、设立基金会等方式，吸引社会各界人士参与文物保护事业，共同为文物保护事业提供经济支持。此外，文物经营也是一个重要的资金来源途径。通过文物展览、文化产品销售等商业活动，可以创造一定的经济收益，用于支持文物保护工作的需求。综上所述，建立稳定的资金来源是确保文物保护工作可持续发展的基础之一。政府拨款、社会捐赠和文物经营等多渠道筹集资金的方式均有助于保障文物保护事业的长期进行。通过确保资金来源的多样性和稳定性，文物保护工作能够获得足够的财政支持，进而推动文物保护事业取得更大的成就，为文物的传承和保护作出积极贡献。只有确保了稳定的资金来源，文物保护事业才能够实现可持续发展，从而保护和传承我国悠久的历史文化遗产。

二、实践中的可移动文物保护原则应用

（一）文物修复原则

1.原真性原则的重要性

（1）尊重历史和文化

原真性原则作为文物保护领域的重要理念，强调了对文物原始状态和历史痕

迹的尊重和保护。这一原则的核心在于将文物视作历史和文化的见证者，而非仅仅是物质形态上的存在。通过尊重原真性原则，修复后的文物能够更好地反映其所承载的历史和文化背景，从而使人们能够更深入地了解和感受历史的沧桑变迁。

一是，原真性原则要求尊重文物的原始状态。文物作为历史时期的产物，承载着当时社会、文化和技术的痕迹。因此，在文物保护和修复过程中，应尽量保持其原始状态，不对其进行随意的改变或破坏。这不仅有助于保留文物的历史真实性，也能够更好地展现其所处的历史和文化环境。

二是，原真性原则要求尊重文物的历史痕迹。文物作为历史和文化的见证者，记录着过去的社会、文化和生活方式。修复后的文物应当能够清晰地展现其所经历的历史沧桑，反映出时间的痕迹和历史的变迁。这不仅有助于人们更加深入地了解历史，也能够增强人们对传统文化的认同和尊重。

三是，原真性原则还要求在文物修复和保护过程中尊重文物的文化背景和意义。文物所承载的文化内涵和历史意义是不可替代的，修复后的文物应当能够充分展现其所代表的文化精神和价值观。这需要修复人员在进行修复工作时深入了解文物的文化背景和意义，通过科学的修复方法和手段保留和弘扬文物的文化价值。

（2）保护文物特性

原真性原则在文物修复中强调了保护文物的特性，这意味着在修复过程中应尽可能保留文物的原始材质、结构和艺术风格。文物作为历史和文化的载体，具有独特的特性和价值，通过保护这些特性，可以更好地展示文物的历史和文化内涵，体现其价值。

一是，保护文物的特性意味着尊重其原始材质。文物常常由特定的材料制成，如石头、木材、陶瓷等，这些材质本身承载着文物的历史和文化信息。在修复过程中，应尽可能保留文物原有的材质，不使用不同于原材料的修复材料，以确保文物的真实性和完整性。

二是，保护文物的特性也包括保留其原始结构。文物的结构设计往往反映了当时的工艺水平和艺术风格，因此在修复过程中应尽量保留文物的原始结构，不做大幅度改动。这有助于人们更好地理解文物的历史背景和制作工艺，增强文物的历史感和文化价值。

三是，保护文物的特性还要求尊重其艺术风格。文物往往承载着当时的艺术风格和审美理念，修复时应尽量保留其原始的艺术表现形式。这包括保留文物的雕刻、绘画、装饰等艺术元素，使修复后的文物能够真实地反映当时的艺术特点和风格。

（3）传承历史与文化

原真性原则的遵循对于文物的历史性和真实性的保护至关重要，它为历史和文化的传承提供了重要支撑。修复后的文物不仅是历史和文化的见证者，更是承载着过去时代的记忆和价值观念的载体。通过遵循原真性原则，修复后的文物得以保留其原始的历史性和真实性，从而更好地传承历史与文化。

首先，原真性原则的遵循有助于保护文物的历史性。文物作为过去时代的产物，承载着历史的痕迹和记忆。在修复过程中，尊重文物的原貌和历史背景，保留其原有的特征和特性，有助于使后人更好地了解和感受历史的沧桑变迁，深入探索过去的社会、文化和生活方式。

其次，原真性原则的遵循有助于保护文物的真实性。文物是历史的见证者，承载着真实的历史信息和文化内涵。通过尊重文物的原始状态和特性，修复后的文物能够更加真实地反映过去时代的面貌和风采，使人们能够更为直观地感受到历史的真实性和魅力。

修复后的文物不仅仅是静态的历史物品，更是与人们密切相关的文化遗产。它们通过展示和传承历史与文化，让人们能够从中汲取智慧、感悟人生，激发对历史和文化的热爱和尊重。因此，遵循原真性原则的修复工作不仅是对文物本身的保护，更是对历史和文化传承的积极贡献。

2. 保护真实性与完整性

（1）保持真实性

在文物修复过程中，遵循原真性原则是至关重要的，其中保持文物的真实性尤为重要。这意味着修复后的文物应尽可能地保持其原貌和真实状态，不应添加任何不符合其特性的附加物质或进行过度修饰。通过保持文物的真实性，修复后的文物能够更好地反映其历史和文化背景，保留其原有的历史痕迹和艺术风格。

首先，保持文物的真实性有助于保留其原有的历史痕迹。文物作为历史和文化的见证者，承载着过去时代的记忆和故事。修复过程中，保持文物的原貌和状态能够使其所承载的历史信息更加清晰和真实，让观者能够更直观地感受到历史的厚重和文化的底蕴。

其次，保持文物的真实性有助于保留其原有的艺术风格。文物往往蕴含着丰富的艺术价值，反映了当时社会、文化和技术的发展水平。修复过程中，应尊重文物的艺术风格和特征，不进行过度的修饰或改变，以确保修复后的文物能够真实地展现其原有的艺术魅力和历史面貌。

保持文物的真实性不仅是对文物本身的尊重和保护，更是对历史和文化的尊重和传承。修复后的文物通过保持其真实性，能够更好地向人们展示过去的辉煌和智慧，激发人们对历史和文化的热爱和探索欲望。因此，遵循原真性原则，保持文物的真实性，对于文物的修复和传承具有重要的意义和价值。

（2）保持完整性

在文物修复过程中，遵循原真性原则是至关重要的，其中保持文物的完整性是其中的重要方面。这意味着修复后的文物应尽可能地保持其原始结构和完整外观，避免过度切割或黏接，以确保文物的历史性和独特性得到保护。通过保护文物的完整性，修复后的文物能够更好地展示其原始面貌和艺术特色。

首先，保持文物的完整性有助于保护其历史性。文物作为历史和文化的见证者，承载着过去时代的记忆和故事。修复过程中，保持文物的完整性意味着尊重其原始结构和外观，不进行过度的改动或切割。这样修复后的文物能够更真实地展现其历史面貌，让人们能够更深入地了解和感受历史的魅力。

其次，保持文物的完整性有助于保留其独特性。文物往往具有独特的艺术特色和历史价值，体现了当时社会、文化和技术的发展水平。修复过程中，应尊重文物的完整结构和外观，不进行过度的黏接或改变，以保留其原有的独特魅力和艺术特色。

保持文物的完整性不仅是对文物本身的尊重和保护，更是对历史和文化的尊重和传承。修复后的文物通过保持其完整性，能够更好地向人们展示其原始面貌和独特魅力，让人们能够更深入地了解和感受历史和文化的丰富内涵。因此，遵循原真性原则，保持文物的完整性，对于文物的修复和传承具有重要的意义和价值。

3. 材料选择与环境因素

（1）选择相近材料

在修复文物的过程中，选择与原材料相近的材料是遵循原真性原则的重要内容。这一原则旨在保持文物的材质特性和外观，使修复后的文物更加真实和完整。修复材料的选择应考虑到与原材料的相容性和稳定性，避免因材料不当而对文物造成损害。

一是，选择与原材料相近的材料有助于保持文物的外观和材质特性。文物作为历史和文化的见证者，其材质和外观往往承载着特定的历史和文化信息。因此，在修复过程中，应选择与原材料相近的材料进行修复，以尽可能地保持文物的原貌和特征。

二是，修复材料的选择应考虑到与原材料的相容性和稳定性。不同材料之间可能存在化学反应或物理性质不匹配的问题，如果选择不当可能会对文物造成损害。因此，在选择修复材料时，需要进行充分的材料测试和分析，确保修复材料与原材料相容，并能够长期稳定地存在于文物中。

三是，修复材料的选择也应考虑修复后文物的使用环境和保管条件。不同的使用环境和保管条件可能对修复材料产生不同的影响，因此在选择修复材料时需要综合考虑这些因素，选择能够适应文物使用环境和保管条件的材料进行修复。

（2）考虑环境因素

在修复文物的过程中，环境因素的考虑至关重要。修复环境应符合文物保护环境的要求，避免使用可能对文物产生损害的化学物质或受潮湿、光照等因素影响。环境因素对文物的保存和修复具有重要影响，修复过程中应考虑到环境因素的影响，采取相应的措施进行保护。

一是，环境因素对文物的保存至关重要。潮湿、光照、温度等环境因素都可能对文物造成损害。例如，潮湿的环境容易导致文物发霉、腐蚀，光照过强则会导致文物颜色褪色、表面受损。因此，在文物修复过程中，需要选择合适的修复环境，避免受到这些不利因素的影响，保证文物的长期保存。

二是，环境因素也会影响修复材料的选择和使用。一些化学物质可能对文物产生腐蚀或变色，因此在修复过程中应避免使用这些可能对文物造成损害的化学物质。同时，修复材料的质量和稳定性也需要考虑，选择符合文物保护要求的材料进行修复，以确保修复效果的长久稳定。

三是，文物修复工作通常需要一定的时间，而环境因素的变化可能会对修复工作产生影响。因此，在修复过程中应密切关注环境的变化，及时调整修复计划和措施，以确保文物修复工作的顺利进行。

（二）文物保护环境原则

1. 稳定的温湿度条件

（1）文物保护的基础

文物保护的基础在于提供稳定的温湿度条件，这是确保文物长期保存的关键因素。温度和湿度的波动会导致文物材料的膨胀和收缩，加速其老化和腐蚀过程，从而对文物造成不可逆的损害。因此，为文物提供稳定的温湿度环境是文物保护工作的首要任务之一。

一是，稳定的温湿度条件有助于防止文物材料的膨胀和收缩。文物中常见的材料如木材、纸张、织物等都对环境中的湿度变化非常敏感，当湿度波动较大时，这些材料容易发生变形、开裂或腐朽，从而影响文物的完整性和可视性。因此，通过提供稳定的湿度环境，可以有效减少这些不利影响，延长文物的寿命。

二是，稳定的温湿度条件有助于减缓文物的化学反应速度。在不稳定的温湿度环境下，文物中的化学反应速度会加快，加速材料的老化和腐蚀过程。例如，金属文物容易受到氧化和腐蚀的影响，而在恶劣的环境条件下，这种腐蚀速度会大大加快。因此，通过维持稳定的温湿度条件，可以有效减缓这些化学反应的速度，延缓文物的衰老过程。

三是，稳定的温湿度条件还有助于防止文物受到微生物的侵害。湿度过高的环境容易滋生霉菌和真菌等微生物，对文物造成生物性损害。这些微生物会分解文物材料，导致文物变质和腐烂。因此，通过维持适宜的湿度水平，可以有效减少微生物的繁殖，保护文物的完整性和原始状态。

（2）温度控制

适宜的温度控制是文物保护中至关重要的一环。温度的适当控制可以有效减缓文物的老化速度，延长其保存时间，并保持其原始状态。一般而言，文物的存放温度应该在18℃至22℃之间，并尽量避免剧烈的温度波动，以确保文物不受温度影响而发生变化。

一是，适宜的温度有助于减缓文物材料的老化速度。在高温环境下，文物材料容易发生脆化、变形等现象，从而加速文物的老化过程。而在过低的温度下，文物材料则容易受到冷冻破坏，导致表面出现冰晶和裂纹，影响其完整性和保存状态。因此，通过控制温度在适宜的范围内，可以有效减缓文物材料的老化速度，延长其使用寿命。

二是，适宜的温度有助于防止文物受到热胀冷缩的影响。在温度波动较大的环境中，文物材料会不断经历热胀冷缩的过程，导致材料的内部结构产生变化，从而影响文物的完整性和稳定性。因此，通过控制温度在稳定的范围内，可以减少文物受到热胀冷缩影响的可能性，保持其原始状态。

三是，适宜的温度控制还有助于防止文物受到湿度的影响。在高温高湿的环境中，文物容易受到霉菌和真菌的侵害，导致文物发霉、腐烂等问题。而在低温低湿的环境中，文物则容易受到干燥的影响，导致材料变脆、开裂等情况。因此，通过控制适宜的温度范围，可以有效地控制湿度，保护文物不受湿度的影响。

（3）湿度管理

湿度管理在文物保护中扮演着至关重要的角色。恒定的湿度条件对于文物的保存至关重要，因为过高或过低的湿度都可能导致文物受潮、霉变等问题。一般来说，文物的适宜湿度范围通常被控制在 40% 至 60% 之间，这个范围内能够有效地保护文物免受湿度的损害。

一是，适宜的湿度范围有助于防止文物受潮。在过高的湿度环境中，文物容易吸收空气中的水分，导致表面或内部产生潮湿现象，进而引发霉变、腐蚀等问题。相反，在过低的湿度环境中，文物可能失去水分，导致干燥、龟裂等情况。因此，通过控制湿度在适宜的范围内，可以有效地防止文物受潮，保持其完整性和稳定性。

二是，适宜的湿度范围还有助于防止文物发生霉变。在湿度过高的环境中，文物容易成为霉菌和真菌的滋生地，导致文物表面或内部产生霉斑、霉烂等问题，严重影响其保存状况。而在湿度过低的环境中，虽然霉菌的生长受到抑制，但文物材料容易变干、变脆，也会对文物造成不利影响。因此，保持适宜的湿度范围有助于防止文物发生霉变，保持其良好的保存状态。

三是，恒定的湿度条件还有助于防止文物受到湿度变化的影响。湿度的剧烈波动会导致文物材料的膨胀和收缩，进而影响文物的稳定性和完整性。通过保持恒定的湿度条件，可以减少文物受到湿度变化的影响，保护文物的原始状态和特性。

2. 光照条件的控制

（1）光照对文物的影响

光照是文物保护中一个极其重要的考虑因素，因为过强的光照对文物可能造成多种不可逆转的损害。文物暴露在过强的光照下，可能会面临颜色褪色、表面材料老化、纤维材料变脆等问题，因此，对光照条件进行合理的控制是文物保护的重要环节之一。

一是，过强的光照会导致文物颜色褪色。光照中的紫外线和可见光中的一部分波长能够与文物表面的颜料或染料发生化学反应，导致颜色发生变化。这种变化可能是永久性的，使得文物原本鲜艳的色彩逐渐褪去，严重影响其美观和艺术价值。因此，在文物陈列和展示过程中，必须控制光照的强度和波长，避免过强的光线直接照射到文物表面。

二是，过强的光照还会导致文物表面材料的老化。光线中的紫外线和可见光中的一部分波长能够加速文物表面材料的老化过程，使得文物表面出现褪色、裂纹、变硬等现象。这种老化可能影响文物的外观和质地，减少其展示和保存的时间。因此，在文物保护中，需要采取措施限制光线的照射，延缓文物表面材料的老化过程。

三是，过强的光照还可能导致纤维材料变脆。纤维材料对光照特别敏感，过强的光照会加速纤维材料中天然树脂的分解，使得纤维材料变得脆弱易碎。这种变脆会导致文物纤维材料的损坏和断裂，严重影响其完整性和稳定性。因此，在文物展示和保存中，需要避免过强的光线直接照射到纤维材料表面，采取适当的遮光措施保护纤维材料不受光照影响。

（2）遮光措施

为了减少光照对文物的影响，可以采取一系列遮光措施。这些措施旨在限制光线的照射，减少文物暴露在过强光线下的时间，从而降低光照造成的损害。

一是，使用遮光窗帘是一种有效的措施。通过在窗户上安装遮光窗帘或窗帘布料，可以调节室内的光线强度和波长，减少过强光线对文物的直接照射。遮光窗帘可以根据需要进行拉开或拉合，灵活控制光线的进入，保护文物免受光照的影响。

二是，调节照明强度也是一种常见的遮光措施。通过调节灯具的亮度和照明范围，可以有效控制光线的强度和波长，避免过强光线对文物造成损害。在展示文物的场所，可以选择具有调光功能的灯具，根据需要调节照明强度，保护文物免受光照的影响。

三是，避免直接阳光直射也是一项重要的遮光措施。阳光中的紫外线和可见光中的一部分波长对文物可能造成损害，因此需要采取措施避免阳光直接照射到文物表面。在文物展示和保存的场所，可以通过合理布置窗户和设置遮阳设施，避免阳光直射，减少光照对文物的影响。

四是，使用具有紫外线过滤器的灯具也是一种常见的遮光措施。紫外线过滤器可以有效阻挡紫外线的穿透，减少紫外线对文物造成的损害。在文物展示和保存的场所，可以选择安装具有紫外线过滤器的灯具，保护文物免受紫外线的影响。

3. 空气质量的管理

（1）空气污染的危害

空气中的污染物对文物造成的损害是文物保护中一个重要的考虑因素。这些污染物包括尘埃、有害气体、化学物质等，它们可能对文物的表面和内部造成各种不利影响，包括表面沉积、腐蚀、变色等问题。

一是，尘埃是空气中最常见的污染物之一，它们会在文物表面沉积，影响文物的外观和质地。尘埃中可能携带着其他污染物质，如化学物质、微生物等，加剧了对文物的损害。尘埃的沉积还会影响文物的可视性和观赏效果，降低其美学价值。

二是，空气中的有害气体也对文物造成不可忽视的损害。例如，二氧化硫、一氧化碳等有害气体可能与文物表面的金属反应，导致金属腐蚀；硫化氢等有害气体可能导致文物表面变色或产生硫化物沉积。这些化学反应会改变文物的外观和性质，严重影响其保存状况和观赏价值。

三是，空气中的化学物质也可能对文物造成损害。例如，酸雨中的硫酸、硝酸等酸性物质可能与文物表面的石膏、石灰石等碱性材料发生反应，导致文物表面溶解或侵蚀。化学物质的接触还可能导致文物表面产生化学变化，改变其原有的物理和化学性质。

（2）空气过滤与通风

空气过滤和通风是保持文物环境质量的重要手段，有助于减少空气中的污染物浓度，保护文物免受污染的侵害。

一是，空气过滤设备可以有效地减少空气中的尘埃等污染物的浓度。通过安装空气过滤器，可以过滤空气中的微粒，减少尘埃等颗粒物质的含量，保持空气清洁。这对于文物的长期保存非常重要，因为尘埃等微粒物质可能会在文物表面沉积，导致表面污染和损坏。

二是，定期通风也是保持空气质量的有效方式之一。通过定期开启窗户或设置通风设备，可以将室内的污染物排出，保持空气流通，减少有害气体的积聚。通风可以有效地提高室内空气质量，降低空气中有害气体的浓度，为文物提供清新的环境。

（三）文物管理原则

1. 建立健全的管理制度

（1）编目管理

编目管理是文物保护和管理中至关重要的一环，通过建立详细的文物编目制度，可以有效管理和追溯每件文物的相关信息，为文物的保护、研究和展览提供必要的支持。

首先，建立文物编目制度可以确保对每件文物进行详细记录和编码。这包括文物的名称、来源、年代、材质、尺寸等重要信息。通过编目记录，可以清晰地了解每件文物的基本属性，有助于文物进行分类、定位和管理。

其次，文物编目制度有助于文物的管理和追溯。通过建立统一的编目系统，可以实现文物信息的集中管理和快速检索。管理人员可以根据文物编目信息，对文物进行定期检查、维护和保护，确保文物的安全和完整性。同时，编目信息也为文物的追溯提供了便利，可以帮助研究人员和学者准确了解文物的历史渊源和文化价值，促进文物的研究和展示。

（2）入库管理

文物入库管理是文物保护和管理的重要环节之一，通过建立严格的入库登记制度，可以有效管理文物的流动和存储，确保文物的安全和合规。

首先，建立文物入库登记制度是为了规范文物的入库过程。在文物进入收藏机构之前，应进行入库申请，明确文物的来源、归属和属性信息。随后，需要进行文物的鉴定工作，确保文物的真实性和价值。最后，进行文物的验收，确保文物的数量和质量符合要求，严格控制文物入库的质量和标准。

其次，文物入库登记制度有助于确保文物入库的安全性。通过建立严格的入库流程和管理制度，可以有效监控文物的流动和存储，防止文物的丢失、损坏或盗窃。同时，通过对文物的详细登记和记录，可以追溯文物的流向和去向，提高文物管理的透明度和可控性。

（3）出借与移动管理

文物的出借和移动管理是文物保护和管理中至关重要的环节之一。通过建立严格的出借和移动管理制度，可以有效监控文物的流动和安全，确保文物在移动过程中不受损害或丢失。

一是，建立文物出借和移动审批制度是保障文物安全的重要措施。在文物出借或移动之前，应进行严格的审批程序，包括审查出借目的、接收机构和保管条件等，确保出借和移动的合理性和安全性。审批程序应由专业人员和相关部门进行审核，确保文物出借和移动符合规定和标准。

二是，建立文物出借和移动监控机制是确保文物安全的关键。一旦文物出借或移动获得批准，应建立相应的监控系统，监测文物的出借和移动过程，确保文物在运输、装卸和存放过程中不受损害。监控系统可以通过安装摄像头、使用GPS跟踪设备等方式进行，及时发现并处理可能的安全问题。

三是，建立文物出借和移动记录制度是保障文物完整性的重要手段。对于每一件文物的出借和移动，应进行详细的记录和登记，包括文物名称、数量、出借方和接收方等信息，以便追溯文物的流向和去向，确保文物的安全和完整性。

（4）检测与维护管理

建立文物检测和维护管理制度是保护文物的重要措施之一。这一制度的核心目标是确保可移动文物得到定期的检测和维护，以延长其寿命并保护其价值。通过定期的检测，可以及时发现文物可能存在的问题，如腐蚀、破损、变色等，以便及时采取修复和保养措施。维护管理制度的建立有助于保护文物不受外界环境和自然因素的损害，有利于文物的长期保存和传承。

在建立文物检测和维护管理制度时，首先需要明确责任分工和管理流程。建立一个专门的文物检测与维护管理团队，负责文物的日常检测和维护工作，明确各个成员的职责和任务分工。同时，建立健全的管理流程，包括文物检测计划的制定、检测过程的执行、问题记录与反馈机制等，确保文物的检测和维护工作有序进行。

其次，建立文物检测标准和方法。制定针对不同类型文物的检测标准和方法，确保检测工作的科学性和准确性。可以借鉴国际上通用的文物检测标准，结合国内文物保护的实际情况，制定适合本地区文物的检测标准和方法，以保障文物检测的效果和质量。

再次，建立文物修复与保养的技术规范和操作指南也是必要的。对于发现的文物问题，需要有科学、专业的修复和保养方法。制定详细的修复和保养技术规范，明确操作步骤和要求，确保修复工作的科学性和规范性。同时，加强对修复人员的培训和技能提升，提高其修复和保养文物的水平和能力。

最后，建立文物检测和维护记录档案，对检测和维护过程进行详细记录。包括文物的检测结果、发现的问题、修复和保养的过程、使用的材料和方法等信息，建立文物的全生命周期档案，为文物的长期保护和管理提供参考依据。

2.安全保障措施

（1）保管设施安全

加强对文物保管设施的安全管理是文物保护工作中至关重要的一环。文物保管设施的安全性直接关系到文物的长期保存和保护，因此需要采取一系列措施来确保其安全性。

首先，加固库房建筑是确保文物安全的基础。库房作为文物的存放地点，其建筑结构的稳固性直接关系到文物的安全。因此，需要对库房建筑进行加固和维护，确保其能够承受自然灾害和人为破坏的影响，提高库房的抗震、防火等安全性能。

其次，设置安全防护设施是防止文物损失的重要手段之一。安全防护设施包括门窗、防盗网、报警器等，可以有效防止不法分子的入侵和盗窃行为。通过加强对文物保管设施的安全防护，可以提高文物的安全保障水平，有效防止文物的意外损失或失窃事件的发生。

再次，建立监控系统也是保障文物安全的重要举措之一。监控系统可以实时监测文物保管设施的情况，及时发现异常情况并进行处理。通过安装监控摄像头、红外线探测器等设备，可以对文物保管设施进行全方位的监控，提高对文物的安全管理和保护水平。

除了以上措施，还应加强对文物保管人员的培训和管理，增强其安全意识和应急处置能力。文物保管人员应具备一定的专业知识和技能，能够熟练操作安全设施，及时应对突发情况，保障文物的安全。

（2）安全巡逻与监控

建立安全巡逻和监控制度是文物保护工作中必不可少的一项措施。通过定期的安全巡逻和监控，可以全面了解文物存放区域的安全状况，及时发现并处理安全隐患，有效保障文物的安全。

安全巡逻是指在文物存放区域进行定期的巡查和监督活动。这项工作通常由专门的巡逻人员或安保人员负责执行。他们会定期巡查文物存放区域的各个角落，检查库房的门窗是否完好，排查是否有异常情况或可疑人员出入，以及检查安全设施的运行情况等。通过安全巡逻，可以及时发现并处理文物存放区域存在的安全隐患，有效预防文物被盗或受损的情况发生。

与安全巡逻相辅相成的是监控系统的建立和运行。监控系统通过安装摄像头、红外线探测器等设备，对文物存放区域进行实时监控。一旦发现异常情况，监控系统会立即发出警报，并将情况反馈给相关责任人员，及时采取应对措施。监控系统的建立不仅可以加强对文物存放区域的监管，还可以为安全巡逻提供技术支持，提高监管的效率和精度。

在建立安全巡逻和监控制度时，还需要注重对巡逻人员和监控人员的培训和管理。他们需要具备一定的专业知识和技能，能够熟练操作监控设备，快速准确地判断和处理各种突发情况。同时，还需要建立健全的报告和反馈机制，确保巡逻和监控工作的结果及时得到汇报和处理。

（3）安全警报系统

安装安全警报系统是文物保护工作中的重要举措之一。该系统能够及时监测文物存放区域的情况，一旦发生异常情况，如入侵、火灾等，即可自动触发警报，并及时通知相关责任人员，以便采取应急措施，保障文物的安全。

安全警报系统通常由一系列传感器、报警器和监控中心组成。传感器可以监测文物存放区域的各种情况，如温度、湿度、光线等，一旦监测到异常情况，即会触发报警器发出警报。同时，监控中心会实时监测传感器的反馈信息，一旦接收到警报信号，即可迅速采取相应措施，如通知安保人员、启动应急预案等。

安装安全警报系统具有以下几点优势。首先，它能够实现全天候、全方位的监控，无论是白天还是夜晚，无论是工作日还是节假日，都能够保障文物存放区域的安全。其次，安全警报系统的反应速度非常快，一旦发生异常情况，即可立即发出警报，节省了人工巡逻的时间，提高了应对突发情况的效率。此外，安全警报系统还能够记录异常事件的发生时间、地点和原因等信息，为事后的调查和分析提供了重要依据，有助于改进和优化文物保护工作的措施和方法。

然而，安全警报系统也存在一些不足之处。首先，系统的建设和维护成本较高，需要投入大量的资金和人力资源。其次，系统的可靠性和稳定性对硬件设备和软件系统的质量要求较高，一旦出现故障，可能会影响到文物的安全。因此，在安装安全警报系统时，需要对系统进行定期维护和检修，确保其正常运行。

3. 专业人员培训与管理

（1）培训计划

制定文物管理人员的培训计划是文物保护工作中至关重要的一环。这一计划旨在通过系统地培训，提升管理人员的专业水平和素质，使其能够更好地履行文物保护和管理的责任。

一是，培训计划需要包括文物保护知识方面的培训内容。管理人员需要深入了解文物的特点、分类、保存方法等基础知识，以及文物保护的原则、技术和方法。他们需要了解不同材质、不同类型文物的保护需求，掌握常见文物损害的识别和预防方法，以便在实际工作中科学有效地保护文物。

二是，培训计划还应包括管理技能方面的培训内容。管理人员需要具备良好的组织协调能力、沟通协调能力和团队管理能力，以便有效地组织和管理文物保护工作。他们需要学习管理理论和方法，了解文物保管、借阅、展览等方面的管理规范和操作流程，提高管理效率和质量。

三是，安全意识也是培训计划中不可忽视的一部分。管理人员需要了解文物保管过程中可能存在的安全隐患和风险，掌握文物保管安全的基本要求和应急处置方法。他们需要学习火灾、盗窃、自然灾害等突发事件的预防和处理知识，增强安全意识和应对能力，确保文物的安全和稳定。

四是，培训计划还应注重实践操作环节，通过实地考察、案例分析、模拟演练等方式，提供实践机会，加深管理人员对文物保护工作的理解和掌握。他们需要通过实践活动，将理论知识转化为实际操作能力，提高应对各种复杂情况的能力。

（2）绩效评估与考核

建立管理人员的绩效评估和考核制度是文物保护工作中的重要举措。这一制度旨在通过定期的评价和考核，对管理人员的工作表现和成果进行客观评价，激励他们积极参与文物管理工作，提高工作效率和质量。

绩效评估和考核制度的建立需要明确评价指标和评估标准。评价指标可以包括管理人员的工作绩效、文物保护成果、工作态度和团队合作等方面。评估标准应该具体明确、量化可行，能够客观反映管理人员在文物管理工作中的表现和贡献。

在实施绩效评估和考核时，需要充分考虑文物管理工作的特点和实际情况。评价指标和标准应该与文物保护的目标和要求相匹配，充分体现管理人员的工作职责和工作内容。评估过程应该公开、公正、透明，确保评价结果的客观性和公信力。

绩效评估和考核制度的实施不仅可以对管理人员进行激励，还可以为他们提供进步和提升的机会。通过评价和考核，可以发现管理人员的优势和不足，为其提供有针对性的培训和提高，帮助其不断提升专业水平和工作能力。

此外，绩效评估和考核制度还可以促进管理人员之间的交流和合作，形成良好的工作氛围和团队精神。管理人员在共同的评价和考核体系下，会更加积极主动地与同事合作，共同致力于文物保护工作的完成和提升。

第二节　文物保护与传承的理念探讨

一、文物保护工作对文化传承的作用与意义

（一）历史记忆的传承

1. 文物作为历史的见证者

（1）古代器物的见证

古代器物，如陶器、青铜器等，承载着丰富的历史信息，是历史的见证者和珍贵的文化遗产。它们不仅仅是古代人类生活的实用工具，更是记录着古代社会各个方面的信息，如生产、生活、宗教、艺术等，对于了解古代人类的生活方式、社会结构、文化传承等方面具有极其重要的意义。

一是，古代器物记录了古人类的生产方式和生活水平。陶器、青铜器等古代器物的形态、纹饰、材质等特征，反映了古代人类的生产技术和手工艺水平。通过对这些器物的研究，可以了解古人类的农耕、畜牧、工艺等生产活动，以及他们所处的生活环境和社会结构。

二是，古代器物还承载着古代社会文化信息。在古代社会，陶器、青铜器等常被用于祭祀活动以及各种文化活动中。

三是，古代器物还是艺术的载体，反映了古代人类的审美追求和艺术成就。古代陶器、青铜器等在形态、纹饰、工艺等方面展现了古人类的艺术风格和创作技巧，体现了古代人类对美的追求和创造力。因此，通过对这些器物的研究，可以了解古代艺术的发展历程和特点，深入探讨古代人类的审美观念和艺术价值取向。

（2）历史文献的见证

历史文献扮演着重要的角色，它们包括书籍、手稿、档案等，记录了人类社会在不同历史时期的政治、经济、文化等方面的信息。这些文献不仅仅是历史研究的重要来源，也是文化传承的重要载体，对于理解和研究历史事件、挖掘历史文化的内涵具有不可估量的价值。

一是，历史文献是还原历史事件真实面貌的关键。通过书籍、手稿等文献资料，我们可以了解到历史上发生过的重大事件，从而还原历史的真实面貌。这些文献记录了当时人们的见解、观点和行为，为我们提供了珍贵的历史资料，帮助我们更全面、客观地理解历史的发展过程。

二是，历史文献是研究历史文化的重要依据。通过研读历史文献，我们可以了解到不同历史时期的文化特点、思想观念、价值取向等，从而深入了解当时人们的生活方式、思想认识和文化传统。历史文献中记录了各种文学作品、史书编纂、法律文件等，这些都是研究历史文化的重要资料，有助于我们更深入地探讨历史文化的内涵和演变规律。

三是，历史文献还是文化传承的重要媒介。许多古代文献被传世至今，成为后人了解古代文化、思想、艺术等方面的重要窗口。这些文献不仅为后人提供了丰富的历史知识，也传承了古代文化的精华和智慧，对于维护和传承人类文明的连续性起着重要作用。

2. 传承历史记忆

（1）教育与展示

展览和教育活动在传承历史记忆和推动文物保护工作中扮演着至关重要的角色。可移动文物的展览不仅是向公众展示文物的平台，更是一种教育和传播历史文化的手段。通过展览和教育活动，人们可以近距离接触文物，感受其历史魅力，增进对历史的认知和理解，从而促进文物保护工作的开展。

一是，展览活动为公众提供了了解文物历史背景和文化价值的机会。通过展览，人们可以观赏到珍贵的文物实物，了解文物所承载的历史信息、艺术特点和文化内涵。展览不仅仅是一次观赏的过程，更是一次历史和文化的体验，让人们身临其境地感受历史的魅力，加深对历史的认识和理解。

二是，教育活动在展览的基础上进一步深化了对文物的认知。通过举办讲座、讲解、互动体验等教育活动，人们可以深入了解文物背后的历史故事、文化意义和艺术技巧，拓展知识面，提升文化修养。这些教育活动不仅适合学生，也吸引了广大公众的参与，促进了历史文化知识的传播和普及。

三是，展览和教育活动还有助于激发公众对文物保护的兴趣和热情。通过展览和教育活动，人们可以亲身感受到文物的珍贵和独特，从而增强对文物保护工作的认同感和支持力度。这种参与感和亲身体验有助于培养公众的文物保护意识，推动社会各界更加积极地参与到文物保护事业中来。

（2）数字化与网络传播

数字化和网络传播在文物保护和传承中具有重要意义和深远影响。通过利用现代科技手段，将文物数字化并通过网络进行传播，可以实现以下几个方面的重要作用。

一是，数字化和网络传播扩大了文物的受众范围。传统的文物展览和教育活动受制于时间和空间的限制，而数字化和网络传播能够突破这些限制，让更多的人通过互联网平台访问和了解文物。无论身处何地，只要有网络连接，就可以随时随地浏览和学习有关文物的知识，极大地扩大了文物的受众范围。

二是，数字化和网络传播提高了文物信息的可访问性和可持续性。通过将文物数字化，可以建立起文物的电子档案库和数据库，实现文物信息的集中管理和持续更新。这样一来，研究人员、学生、教育机构和公众都能够方便地获取到丰富的文物信息，促进文物知识的传播和学习。

三是，数字化和网络传播增强了文物的保护和安全性。通过数字化技术，可以对文物进行高清晰度的拍摄和记录，实现对文物形态、结构和细节的全面呈现。这样一来，即使文物本身因年代久远或疏于保护而受到损坏或丧失，其数字化形势仍然可以保存下来，成为宝贵的历史资料和文化遗产。

四是，数字化和网络传播也为文物的学术研究和文化交流提供了新的平台和途径。通过数字化的文物资料，研究人员可以进行深入的学术研究和分析，推动学术界对历史和文化的理解和探索。同时，数字化和网络传播也促进了不同国家和地区之间的文化交流与合作，加深了人们对世界各地文化多样性的认识和理解。

3. 促进历史的传承和文化的延续

（1）文物保护与修复

文物保护与修复工作的重要性不言而喻，它们不仅是对文物本身的关怀与维护，更是对历史的珍视与传承。通过这项工作，文物得以延续其生命，从而继续承载着丰富的历史记忆和文化遗产。

一是，文物保护与修复工作是对文物的生命延续与再生。许多文物经历了岁月的风雨，可能会因自然侵蚀、人为破坏或其他因素而受损，甚至濒临毁坏。在这种情况下，对文物进行保护与修复就像是给予文物第二次生命，让它们重新焕发生机，继续存在于历史的舞台上。修复后的文物不仅能够向人们展示其曾经的辉煌与美丽，还能够继续为后人提供历史的见证和文化的启迪。

二是，文物的修复工作不仅仅是对物质的修复，更是对历史的修复。文物承载着丰富的历史信息，它们是时间的见证者，记录着过去的光辉与荣耀。因此，对文物进行修复不仅是对其物理形态的修复，更是对历史的一种还原和再现。修复后的文物能够让人们仿佛穿越时光，感受到曾经的历史风貌，了解到古代社会的生活与文化，从而加深对历史的认识和理解。

三是，文物保护与修复工作还是对文化遗产的传承与弘扬。文物是文化遗产的重要组成部分，它们承载着民族的历史记忆和文化精神。通过对文物的保护与修复，可以将这些文化遗产传承给后人，让他们能够了解和珍视自己的文化传统，从而促进民族文化的传承与发展。修复后的文物能够继续在人们的生活中发挥作用，成为文化传统的重要载体和传播媒介。

（2）社会参与文化活动

社会各界的参与以及文化活动的开展对于促进历史传承和文化延续至关重要。这种参与和活动形式多种多样，包括但不限于组织文化活动、举办展览和讲座等，它们共同构成了一个广泛而丰富的文化生态系统，为历史的传承和文化的发展注入了活力与动力。

一是，通过组织多样化的文化活动，可以吸引更广泛的社会参与，激发公众对文化的兴趣和热爱。文化活动可以涵盖丰富多彩的内容，如艺术表演、展览展示、文化节庆等，不仅能够展示文物的魅力和价值，还可以让人们亲身体验和感受文化的魅力，从而加深对文化传承的认识和理解。

二是，举办展览和讲座等形式的文化活动，可以为社会提供学习和交流的平台，促进知识的传播和文化的交流。在这些活动中，专家学者可以分享自己的研究成果和心得体会，向公众介绍文物的历史背景和文化内涵，引导人们深入了解和思考文化传承的重要意义。同时，这也为公众提供了一个展示自己见解和交流想法的机会，促进了文化认同的形成和社会共识的建立。

三是，文化活动的开展还可以加强社会对文物保护的关注和参与度。通过展示文物的珍贵性和历史意义，提升公众对文物保护的认知和重视程度，激发社会各界对文化遗产的关注和支持，推动文物保护事业的发展和壮大。同时，社会参与也能够为文物保护工作提供更多的资源和帮助，共同维护和传承人类的历史文化。

（二）文化认同的建构

1. 反映地域文化的特点和精华

（1）绘画艺术的地域特色

绘画艺术的地域特色是文化多样性和地域差异的重要体现，反映了不同地域的历史、文化和社会背景。各地的绘画艺术风格和表现手法在很大程度上受到当地的风土人情、自然景观以及历史传统的影响，形成了独特的艺术特色和风格。

中国的山水画是中国绘画艺术中的重要流派之一，强调意境和哲理。在我国传统文化中，山水被视为哲学思想的象征，山水画通过简约的笔墨和意象化的表现手法，追求表达出大自然的壮美、气势和哲理内涵。山水画在表现自然山水的同时，也透露出中国人内心世界的深邃和情感。

西方的油画是西方绘画艺术的重要形式之一，展现了不同时代和地区的文化风貌。油画技法的运用使得西方艺术家可以更加丰富地表现人物形象、风景景观、历史故事等各种题材。从文艺复兴时期的意大利文艺复兴到后来的荷兰黄金时代，再到现代的各种流派和风格，西方油画不断演变并吸收各种文化元素，形成了多样化的艺术风格和表现方式。

（2）雕塑文化的地域风格

雕塑作品常常反映了地域文化的特色和民俗风情。例如，非洲部落雕塑以原始生活和神话传说为题材，欧洲的雕塑作品则受到宗教信仰和古希腊罗马文化的影响。

2. 弘扬国家、民族的文化认同

（1）文物的国家象征意义

雕塑作品在很大程度上反映了地域文化的独特特色和民俗风情。不同地域的雕塑艺术以其独特的题材、形式和风格，展示了当地的历史、传统和价值观念，呈现出丰富多彩的地域文化。

非洲部落雕塑是非洲大陆上各个部落和民族所创作的艺术品，常以原始生活、神话传说和部落传统为主题。这些雕塑作品常常以木雕、石雕等材料为载体，表现出丰富的原始艺术特色和民族文化风情。雕塑形象生动，线条简洁，富有动感和节奏感，常常表现出非洲人民对自然以及生活的理解和崇拜。

除此之外，亚洲、美洲等地区也各自拥有独特的雕塑艺术风格。例如，我国的石雕、泥塑和铜雕作品常常体现出中国人民的审美情趣和文化传统，表现出儒家、道家、佛家等思想对雕塑艺术的影响。

（2）文物对民族认同的重要性

文物对民族认同的重要性在文化和社会发展中具有深远的影响。作为民族文化的载体和象征，文物承载着丰富的历史、文化和精神内涵，对塑造民族认同和凝聚民族团结起着重要作用。

一是，文物是民族历史的见证者和传承者。文物记录了民族漫长的历史发展过程，反映了民族的兴衰荣辱，展现了民族的智慧和创造力。通过对文物的研究和保护，人们可以深入了解自己民族的历史渊源和传统文化，从而增强对民族历史的认同感和自豪感。

二是，文物是民族文化的重要组成部分。不同民族拥有独特的文化传统和精神风貌，而文物则是这些文化的具体表现和体现。通过对文物的传承和保护，可以传承和弘扬民族文化的精髓和传统，激发民族文化创造力和活力，从而促进民族文化的繁荣和发展。

三是，文物也是民族认同的象征和标志。民族成员通过对共同的文物传统的认同和共享，形成了一种共同的认同感和归属感。文物作为民族的象征，不仅凝聚了民族的凝聚力和团结力，也体现了民族的独特性和多样性。

因此，加强对文物的保护和传承，不仅有助于弘扬民族文化，传承民族历史，还可以加强民族认同，促进社会稳定和文化繁荣。同时，通过文物的传承和展示，可以增强人们对自己民族文化的认同感和自豪感，推动民族团结和文化自信的建设。

3. 传播文化精神和价值观

（1）文物展示的教育意义

文物展示和教育活动在传播文化精神和价值观方面发挥着重要的作用。通过展示丰富多彩的文物，人们得以窥见不同历史时期和地域文化的精髓和内涵，从而深入了解各种文化背景下的价值观念和道德规范。这种展示不仅提供了学习和了解文化的机会，也为人们提供了反思和思考的空间，具有以下教育意义：

首先，文物展示是历史的见证者，可以帮助人们了解过去的社会生活和历史事件。通过观赏文物，人们可以感受到不同历史时期的文化氛围和社会风貌，了解古代人们的生活方式、价值观念以及社会制度，从而增强历史意识和历史思维能力。

其次，文物展示是文化传承和传播的重要途径。文物承载着丰富的文化内涵和精神意义，通过展示文物，可以将这些文化传统和价值观念传递给后人。人们可以从中感受到不同文化背景下的智慧和美学，增进对文化的理解和尊重，培养对多元文化的包容和欣赏能力。

第三，文物展示也有助于提升公众的文化素养和审美修养。通过欣赏文物，人们可以培养审美情趣，提升审美意识，丰富精神生活。同时，文物展示也为学校、博物馆等文化机构提供了教育资源，为教育工作者提供了丰富多样的教学素材和案例，有助于开展文化教育和艺术教育。

最后，文物展示还可以促进文化交流和互动。通过展览和教育活动，人们可以与文物进行亲密接触，参与讨论和交流，分享对文物的感悟和理解。这种互动交流不仅可以促进文化交流和融合，也有助于增进人与人之间的沟通和理解，推动社会的和谐与进步。

（2）文物传承的社会影响

文物传承对社会的影响是多方面而深远的。首先，文物传承通过展示和传播文化精神，加强了人们对文化传统的认同感和归属感。文物作为历史的见证者，承载着丰富的文化内涵和精神意义，通过对文物的研究和传承，可以让人们更加深入地了解和体验自己的文化根源，增强对文化传统的尊重和热爱。

其次，文物传承也有助于引领社会价值观的塑造和文明进步的推动。通过展示和研究文物，人们可以汲取历史的教训和智慧，从中汲取精神力量，塑造积极向上的人生观和价值观，促进社会的道德建设和文明进步。文物所体现的优秀品质和文化精神也会对人们产生积极的示范作用，引领社会向着更加文明、和谐的方向发展。

再次，文物传承还可以促进文化产业的发展和经济的繁荣。文物作为文化资源的重要组成部分，具有巨大的经济潜力。通过文物的展览、旅游等活动，可以吸引大量游客和观众，推动相关产业的发展，促进经济的繁荣。同时，文物的保护和传承也为相关产业提供了丰富的素材和资源，推动了文化创意产业的蓬勃发展。

最后，文物传承还可以促进社会的和谐发展。文物作为历史的见证者和文化的载体，承载着丰富的文化遗产和精神财富，是人类文明的重要组成部分。通过对文物的传承和保护，可以增进不同文化之间的理解和尊重，促进文化交流和互动，推动社会的多元发展和谐共处。

二、传承理念对可移动文物保护工作的指导

（一）综合性保护观念

1.保护文物的实体和文化内涵

（1）修复与保护文物的物理形态

综合性保护观念在文物保护领域具有重要意义，其中对文物物理形态的修复和保护工作是至关重要的一部分。这一工作的目标是通过一系列技术手段，包括清洁、修复、防腐、防护等，来延长文物的寿命并保持其原始外观，从而实现对文物物理形态的综合性保护。

一是，清洁是保护和修复文物的基础工作之一。文物可能长期存放于环境中，表面可能积累了尘土、污垢等杂质，影响其外观和保存状态。因此，定期清洁文物表面是必不可少的，可以有效去除污垢，恢复文物的原始光泽和色彩，保持其外观的美观和清晰。

二是，修复是对文物物理形态进行维护和修复的重要手段。文物在长期保存和使用过程中可能出现磨损、破损等情况，需要进行修复以保持其完整性和稳定性。修复工作既包括对文物表面的修补和涂抹，也包括对内部结构的修复和加固，以确保文物的整体稳固和完好。

三是，防腐和防护也是保护文物物理形态的重要手段。文物可能受到潮湿、高温、紫外线等环境因素的影响，导致其表面腐蚀、变色等问题。因此，采取防腐措施，如控制环境湿度、温度，使用防护罩等，可以有效减少文物的腐蚀和损坏，延长其寿命。

综合性保护观念强调了对文物物理形态的全面保护，通过清洁、修复、防腐、防护等技术手段，可以有效延长文物的寿命，保持其原始外观，实现对文物物理形态的综合保护。这一工作对于文物的长期保存和传承具有重要意义，有助于保护和传承人类宝贵的历史和文化遗产。

（2）挖掘文物的历史、艺术和文化意义

除了对文物实体的保护，综合性保护观念还强调挖掘文物背后的历史、艺术和文化意义。这一过程涉及对文物的历史渊源、艺术特色和文化背景进行深入研究，旨在更好地理解和传承文物的精神价值。

一是，挖掘文物的历史意义是深入探索文物所承载的历史信息和文化遗产。文物作为历史的见证者，记录了过去的社会生活、技术发展、文化交流等方面的

信息。通过研究文物的历史渊源，可以还原历史事件的真实面貌，探索人类社会的发展轨迹，为历史的理解和传承提供重要依据。

二是，挖掘文物的艺术意义涉及对其艺术特色和审美价值的分析和评价。文物作为艺术品，往往具有独特的艺术风格和技术特点。通过研究文物的艺术特色，可以了解其艺术创作背后的意图和技法，探索艺术发展的脉络和演变规律，从而丰富人们对艺术的认识和鉴赏水平。

三是，挖掘文物的文化意义是理解和传承文化传统和精神内涵的重要途径。文物承载着特定时期和地域的文化传统和民族精神，反映了当时社会的价值观念、信仰体系和生活方式。通过研究文物的文化背景，可以深入了解不同文化间的交流与融合，促进文化多样性的认知和尊重，推动文化传统的传承和创新。

2. 文物保护与社会发展的结合

（1）促进文化产业的发展

综合性保护观念强调了文物保护与文化产业发展之间的紧密联系。在这一观念下，文物保护不再局限于单纯的历史和文化传承，而是被视为促进文化产业发展的重要手段之一。通过开展文物保护和利用，可以培育文化创意产业，推动文化产业的发展和经济增长。

一是，文物保护与利用为文化产业的多元化发展提供了重要支撑。文物作为历史和文化的见证者，具有独特的历史、艺术和文化价值。通过对文物的保护和利用，可以激发文化产业的创意活力，推动文化产品和服务的多样化发展。例如，文物的复制、再创作和衍生产品的开发，都可以为文化产业注入新的活力和动力。

二是，文物保护与利用为文化旅游产业的发展提供了重要支撑。文物作为历史和文化的重要载体，吸引着大量游客和观众前来参观和体验。通过对文物遗址、古迹和博物馆等的保护和开发，可以打造丰富多彩的文化旅游产品，促进旅游业的繁荣发展，增加地方经济收入。

三是，文物保护与利用也为文化产业的国际交流与合作提供了重要契机。文物具有跨越时空的独特魅力和价值，吸引着来自世界各地的关注和关注。通过国际的文物合作交流，可以促进文化产业的国际化发展，拓展文化产品和服务的国际市场，增强国家文化软实力。

总的来说，综合性保护观念将文物保护与文化产业发展紧密联系起来，强调了文物保护对文化产业的重要促进作用。通过充分发挥文物的文化和经济效益，可以实现文化产业的可持续发展，推动经济增长和社会进步。

（2）推动社会文明进步

文物保护与社会发展的结合不仅在于促进文化产业的发展，还能够推动社会的文明进步。这种结合为社会各界提供了参与文物保护和传承的平台，通过文物教育、文化交流和社会参与活动，可以提升公众的文化素养和审美情趣，促进社会的和谐发展和文明进步。

一是，文物保护与传承是社会文化教育的重要组成部分。通过展览、讲座、培训等形式的文物教育活动，可以向公众传授文化知识和历史常识，拓宽人们的文化视野，增强他们对文物的认知和理解。这不仅有助于提升公众的文化素养，还能够培养人们对历史文化的尊重和热爱，从而推动社会的文明进步。

二是，文物保护与传承是促进文化交流与融合的重要途径。通过举办国际文物展览、文化交流活动等，可以加强不同国家和地区之间的文化交流与合作，促进各种文化之间的相互理解与尊重。这有助于打破文化隔阂，促进文化的融合与共享，推动世界文明的交流与进步。

三是，文物保护与传承也是社会参与和共建的重要途径。通过开展文物保护志愿活动、文化遗产保护组织等形式的社会参与，可以激发公众的文化责任感和参与热情，让更多的人参与到文物保护和传承中来。这不仅有助于凝聚社会共识，还能够促进社会的团结与和谐发展，推动社会的文明进步。

3. 综合性保护观念的实践

（1）建立综合性保护体系

为贯彻综合性保护观念，建立健全的综合性保护体系至关重要。这一体系应包括多个方面，涵盖法律法规、管理机构和专业队伍等要素，以确保文物保护工作得到规范、有序的进行，从而实现文物的长期传承与保护。

一是，建立完善的文物保护法律法规是构建综合性保护体系的基础。这些法规应当覆盖文物的保护范围、保护原则、保护责任、违法惩处等方面，确保文物保护工作具有法律依据和制度保障。通过明确法律法规，可以为文物保护工作提供明确的指导和约束，推动文物保护事业的规范化发展。

二是，建立健全的文物保护管理机构是综合性保护体系的重要组成部分。这些管理机构应当包括中央和地方两个层级，在国家、省、市、县等不同层级建立相应的文物保护管理部门或机构，负责文物的保护、管理、监督和考核工作。这些机构需要具备专业化、权威性和高效性，拥有完善的组织结构和管理体系，以确保文物保护工作的顺利实施。

三是，建立专业化、高素质的文物保护队伍是综合性保护体系的关键环节。这包括招募、培训和管理文物保护工作人员，确保其具备扎实的专业知识、丰富的实践经验和高度的责任心。同时，还需要建立健全的激励机制和培训体系，吸引更多优秀人才投身文物保护事业，提升整个队伍的专业水平和素质。

（2）加强国际交流与合作

综合性保护观念的实践需要跨越国界，加强国际交流与合作是至关重要的。国际交流与合作不仅可以借鉴其他国家在文物保护领域的成功经验和先进技术，还可以促进全球范围内文化遗产的保护和传承。

一是，国际交流与合作可以促进文物保护工作的共同进步。不同国家和地区面临的文物保护问题可能存在相似之处，通过交流经验和分享技术，可以找到更加有效的解决方案。例如，在文物保护材料的研发、文物修复技术的创新等方面，各国之间可以开展合作研究，共同推动文物保护工作的开展。

二是，国际合作可以加强文物保护工作的资源共享与互补。一些国家拥有丰富的文物保护资源和专业技术，而另一些国家可能在资金、人力等方面更为充裕。通过国际合作，可以实现资源的有效整合和互补，提高文物保护工作的效率和水平。例如，一些发达国家可以向发展中国家提供技术支持和培训，帮助其提升文物保护能力。

三是，国际交流与合作还可以促进文化遗产的全球性保护和传承。文化遗产通常具有跨国界的特点，其保护需要跨越国界进行合作。通过国际组织、国际会议、联合项目等形式，各国可以共同制定保护策略、开展联合保护项目，实现文化遗产的全球性保护和传承。例如，联合国教科文组织等国际组织可以发挥桥梁和纽带作用，促进各国之间的文物保护交流与合作。

（二）公众参与的理念

1. 让更多人了解和关注文物保护

（1）举办文物展览

文物展览作为一种重要的文化交流和教育方式，对于促进文物传承和文化认同具有重要意义。通过举办丰富多彩的文物展览，可以让公众有机会近距离接触文物，从而增强对文物的了解、认同和情感联系。

一是，文物展览为公众提供了直观的学习平台。观众可以通过观赏文物展品，了解不同历史时期和文化背景下的人类生活、技术成就、艺术表现等方面的内容。这种亲身经历和感受文物的方式，有助于加深对历史文化的理解和感悟，激发学习兴趣和求知欲。

二是，文物展览可以促进文物的传承和保护。通过展览文物，可以向公众展示文物的独特价值和历史意义，引导人们尊重和保护文物。同时，展览也为文物提供了展示和宣传的平台，增加了文物的曝光度，提升了社会对文物保护的关注度和重视程度。

三是，文物展览还可以促进文化交流和多元融合。展览内容可以涵盖不同历史时期、地域和文化背景的文物，吸引了来自不同地区和群体的观众参与。通过展览活动，人们可以跨越时间和空间的限制，感受到不同文化的魅力和独特之处，增进了不同文化之间的相互了解和交流。

四是，文物展览还可以促进文化产业的发展和经济增长。举办文物展览可以吸引大量观众前来参观，从而带动相关产业的发展，如旅游、餐饮、购物等。同时，展览也为文物交流和合作提供了机会，促进了文物市场的繁荣和文化产品的创新。

（2）开展文化教育活动

开展文化教育活动是加强文物保护与传承工作的重要举措。通过组织文化讲座、座谈会、文化沙龙等形式的活动，可以向公众介绍文物保护知识、讲解文物背后的历史故事和文化内涵，从而引导公众对文物保护产生浓厚的兴趣和热情。

一是，文化教育活动有助于提升公众的文化素养和历史意识。通过讲解文物的历史背景、艺术特点以及文化内涵，可以使公众更加深入地了解文物所承载的丰富信息，从而增强对历史文化的认知和理解。这种文化教育不仅有助于丰富公众的精神生活，还可以激发他们对文物保护的关注和支持。

二是，文化教育活动可以拓宽公众的文化视野和审美情趣。通过介绍不同历史时期、不同地域的文物，引导公众欣赏和理解多样化的文化艺术表现形式，拓宽他们的文化视野，提升审美能力。这种文化教育有助于培养公众对多元文化的尊重和包容，促进文化多样性的传承和发展。

三是，文化教育活动还可以增强公众对文物保护的参与度和责任感。通过组织相关讲座和座谈会，向公众普及文物保护知识，传播保护文物的重要性，引导公众自觉地参与到文物保护工作中来。这种文化教育不仅可以提高公众对文物保护工作的认知水平，还可以激发他们的积极性和创造性，共同推动文物保护事业的发展。

四是，文化教育活动还有助于促进文化交流与互动。通过组织文化沙龙等形式的活动，可以为公众提供一个交流和分享文化体验的平台，促进人与人之间的交流与互动，增强社会凝聚力和文化认同感。

2. 加强社会参与和合作

（1）吸引社会组织和企业参与

吸引社会组织和企业参与文物保护工作是推动文化遗产保护事业发展的重要举措。通过鼓励社会组织、企业等力量积极参与，可以有效地扩大文物保护的资源和影响力，共同推动文物保护事业的发展。

一是，社会组织和企业可以通过捐赠资金的方式支持文物保护工作。文物保护工作通常需要大量的经费用于修复、保护、展示等方面的工作，而政府部门往往无法独自承担所有费用。因此，社会组织和企业的捐赠资金可以为文物保护工作提供重要的经济支持，帮助弥补资金缺口，推动文物保护事业的顺利开展。

二是，社会组织和企业可以提供技术支持，为文物保护工作提供专业技术和设备。文物保护涉及复杂的科学技术和专业知识，而社会组织和企业往往具有丰富的技术资源和经验。通过与这些机构的合作，可以有效地提升文物保护工作的技术水平，保障文物的修复和保护工作的质量和效果。

三是，社会组织和企业还可以开展志愿服务活动，积极参与文物保护工作。志愿者可以通过清理、整理文物、宣传文物保护知识、协助组织文化活动等方式，为文物保护工作提供有力的支持。他们的参与不仅可以减轻政府和专业机构的工作压力，还可以增强公众对文物保护的关注和参与度，促进社会各界对文物保护事业的共同关注和努力。

吸引社会组织和企业参与文物保护工作具有重要的意义。通过他们的积极参与，可以为文物保护工作提供多方面的支持和帮助，推动文物保护事业的健康发展，实现文化遗产的保护和传承的目标。因此，应当加强对社会组织和企业的引导和激励，促使他们更加积极地参与到文物保护工作中来，共同推动文物保护事业的发展。

（2）设立志愿者队伍

建立文物保护志愿者队伍是推动文化遗产保护事业发展的重要举措。通过吸引更多的社会志愿者参与文物保护工作，可以有效地扩大文物保护的社会影响力，促进文物保护工作的开展和提升。

一是，建立文物保护志愿者队伍可以有效地扩大文物保护的人力资源。文物保护工作通常需要大量的人力支持，包括文物巡视、宣传教育、文物清理等方面的工作。而通过建立志愿者队伍，可以吸引更多有志于文物保护的社会志愿者参与其中，为文物保护工作提供更多的劳动力支持，有效地补充现有的专业人员不足之处。

二是，文物保护志愿者队伍的建立可以促进社会公众对文物保护工作的关注和认同。志愿者们参与文物保护工作，不仅可以亲身体验文物保护工作的意义和价值，还可以通过实际行动传播文物保护的理念和知识，引导更多的人关注文物保护事业。他们的参与不仅可以增强公众对文物保护的认同感和责任感，还可以扩大文物保护的社会影响力，推动文物保护工作向更广泛的社会群体传播。

三是，文物保护志愿者队伍的建立还可以促进社会参与和文化交流。志愿者们来自不同的社会群体和文化背景，他们的参与可以促进文物保护工作的多元化和全面性。通过志愿者队伍的建立，可以为不同文化背景的人们提供参与文物保护工作的机会，促进不同文化之间的交流和互动，推动文物保护工作的国际化和全球化发展。

3. 培养公众的文物保护意识

（1）开展文化传承主题活动

开展文化传承主题活动是推动文物保护工作向更广泛社会群体传播的有效途径。这些活动可以包括文化节、主题展览、文物保护志愿服务活动等多种形式，通过生动有趣的方式向公众传播文物保护理念和知识，激发公众的兴趣和参与热情。

一是，文化传承主题活动为公众提供了了解和感受文物保护工作的机会。通过组织文化节和主题展览，公众可以近距离接触各种文物，并了解其历史背景、文化内涵和保护现状。这些活动可以通过丰富多彩的展示内容和互动体验，让公众在参观的过程中获得知识、体验乐趣，从而增强对文物保护工作的认同感和兴趣。

二是，文化传承主题活动可以引导公众积极参与到文物保护工作中来。通过开展文物保护志愿服务活动，可以吸引更多的社会志愿者参与文物保护工作，为文物的保护和传承提供更多的帮助和支持。志愿者们可以参与文物巡视、宣传教育、文物清理等方面的工作，通过实际行动为文物保护事业贡献力量，同时也可以在参与的过程中增进对文物保护工作的理解和认同。

三是，文化传承主题活动还可以促进文物保护工作与社会发展的融合。通过组织与时俱进、贴近生活的文化活动，可以将文物保护工作与当代社会生活相结合，使文物保护工作更加贴近公众生活，更好地服务于社会发展的需求。这样的活动不仅可以提升文物保护工作的社会影响力和认同度，还可以促进文化传承与社会发展的良性互动和共同进步。

（2）编写文化教育读本

编写文化教育读本是促进文物保护意识普及和提升的重要举措。这样的读本应该针对不同年龄段的读者，包括儿童、青少年和成人，通过生动有趣的文字和图文并茂的方式，向他们介绍文物保护的重要性、方法和意义，培养他们的文物保护意识和责任感。

首先，针对儿童读者，文化教育读本可以采用简单易懂、富有趣味性的语言，结合丰富多彩的插图和图片，向他们介绍文物是什么、为什么需要保护文物以及如何保护文物。可以通过生动的故事情节、有趣的角色塑造，引导他们从小树立起尊重历史、保护文物的意识，让他们在阅读的过程中体会到文物保护的重要性。

其次，针对青少年读者，文化教育读本可以深入介绍文物保护的理论知识、技术方法以及文物保护的历史和案例。可以结合现实生活中的例子和实践经验，引导青少年读者思考文物保护对于社会发展和文化传承的意义，激发他们的学习兴趣和参与热情，从而培养他们的文物保护责任感和自觉性。

最后，针对成人读者，文化教育读本可以更加深入地介绍文物保护的理论研究、国内外文物保护实践和政策法规等方面的内容。可以结合专家学者的观点和经验，引导成人读者深入了解文物保护工作的复杂性和重要性，激发他们对文物保护事业的关注和支持，从而形成社会各界共同参与文物保护的良好氛围。

第三节　可移动文物保护遵循的道德准则

一、文物保护工作中的道德价值观

（一）尊重历史和文化

1. 文物的不可替代性

（1）不可替代的历史价值

可移动文物作为历史的见证者，具有不可替代的历史价值。它们承载了丰富的历史信息，是我们了解过去、理解人类文明发展历程的重要窗口。通过可移动文物，我们可以窥见古代社会的生活方式、文化传统和科技水平，从而更加全面地认识人类历史的演进和社会变迁。

一是，可移动文物反映了特定时期和地域的社会生活。例如，古代器物、食具、服饰等文物，记录了古人的日常生活方式、饮食习惯、服饰文化等方面的信息。通过研究这些文物，我们可以了解古代社会的社会结构、经济状况、民俗风情等内容，从而还原出古代人们的生活场景和社会风貌。

二是，可移动文物反映了特定时期和地域的文化风貌。艺术品、工艺品、文学作品等文物，展示了不同文化传统的独特魅力和艺术风格。这些文物承载了民族文化的精华和文明的瑰宝，通过它们，我们可以感受到不同文化的博大精深，增进对人类文化多样性的理解和尊重。

三是，可移动文物反映了特定时期和地域的科技水平。古代器物、工具、武器等文物，展示了古人在科技领域的探索和创新。通过研究这些文物，我们可以了解古代科技的发展历程、技术的应用方式以及对社会生产和生活的影响，为我们认识人类科技文明的发展提供重要线索和证据。

（2）不可替代的文化意义

文物作为文化遗产的一部分，具有不可替代的文化意义。它们承载着丰富的文化内涵和精神意义，代表了民族、地域的独特文化传统和精神追求，对于塑造和传承民族文化认同具有重要意义。

一是，文物代表了民族的历史和传统。通过文物，我们可以窥见古代民族的生活方式、思想观念、信仰等方面的特点。例如，古代器物、雕塑、绘画等文物记录了古代民族的生产生活、宗教仪式、艺术表现等方面的内容，反映了古代民族的文化风貌和精神风采。

二是，文物反映了地域的文化特色和风土人情。不同地域的文物展示了各具特色的地方文化，呈现出不同民族、不同地域的文化魅力和精神内涵。例如，中国的青铜器、汉唐文物，印度的雕塑艺术，希腊的古代建筑等，都代表了各自地域的文化特色和历史风貌。

三是，文物还承载着民族的精神追求和文化认同。通过文物，人们可以感受到民族的文化自信和自豪感，增强对自己民族传统的认同和尊重。文物作为民族文化的象征和代表，激励着人们传承和弘扬民族的优秀传统和精神价值。

2. 积极参与文物保护工作

（1）尊重文物的原貌和历史意义

在文物保护工作中，尊重文物的原貌和历史意义是至关重要的。这一原则体现了对文物独特价值和历史内涵的尊重，同时也是对文物保护工作的专业性和道德性的要求。

首先，尊重文物的原貌意味着尊重其历史性和真实性。文物作为历史的见证者，承载了过去时代的记忆和痕迹。保持文物的原貌，就是尊重其历史沉淀和独特韵味，不改变或损坏其原有的形态和特征。这种尊重文物的原貌，体现了对历史的尊重和对文物的敬畏之心。

其次，尊重文物的历史意义是尊重其所承载的文化价值和精神内涵。文物不仅仅是物质形态上的存在，更是历史的见证者和文化的传承者。保持文物的历史意义，就是保护和传承其所蕴含的历史、艺术和文化内涵，让后人能够从中了解和感受历史的沧桑变迁、感受文化的丰富多彩。这种尊重文物的历史意义，体现了对文化传统和人类文明的珍视和传承之情。

尊重文物的原貌和历史意义，不仅是对文物本身的尊重，更是对文物保护工作的规范和要求。在保护、修复、展示等方面，保护工作人员应当以客观、公正的态度，根据文物的特点和历史背景，制定科学合理的保护方案，尽量减少对文物的干预和损害。只有这样，才能真正实现对文物的保护和传承，让文物永久保存，为后人所珍视和传颂。

（2）维护文物的完整性和真实性

在文物保护工作中，维护文物的完整性和真实性是至关重要的职责。这一原则体现了对文物独特价值和历史真实性的尊重，也是对文物保护工作的专业性和责任心的要求。

首先，维护文物的完整性意味着采取适当的措施防止文物的损坏或丢失。文物作为历史的见证者，其完整性直接关系到其价值的传承和表达。保持文物的完整性，就是尊重其原有的形态和状态，不对其进行随意的改变或破坏。这需要保护工作人员采取有效的保管措施，包括规范的存放环境、安全的展示设施、科学的防护措施等，确保文物不受外界因素的损害。

其次，维护文物的真实性意味着确保文物的原始状态得以保持，避免人为因素对文物造成的任何改变。文物作为历史和文化的载体，其真实性直接关系到历史的记录和传承。保持文物的真实性，就是尊重其历史性和文化内涵，不对其进行人为的篡改或伪造。这需要保护工作人员在文物的保护、修复和展示过程中，严格遵循专业标准和伦理规范，不偏离历史事实和文物原貌，确保文物的真实性得以体现。

维护文物的完整性和真实性，不仅是对文物本身的尊重，更是对文物保护工作的基本要求和核心原则。保护工作人员应当以高度的责任感和敬畏之心，认真履行文物保护工作的职责，保护好每一件文物，让其得以永久保存，为后人所珍视和传颂。

（二）保护文物权益

1.文物的权益保障

（1）文物的历史见证者身份

可移动文物在历史中扮演着重要的角色，它们不仅是静态的展品，更是活生生的历史见证者。这些文物所承载的历史信息和文化价值，是人类社会发展的重要记录，反映了特定时期和地域的社会生活、文化风貌和科技水平。因此，我们可以将可移动文物视为有着独特历史见证者身份的存在。

首先，可移动文物作为历史的见证者，承载着丰富的历史信息。无论是古代的器物、文献资料，还是近代的艺术品、工艺品，它们记录了人类社会的发展历程，见证了历史的沧桑变迁。通过对这些文物的研究和解读，我们可以窥见过去的辉煌和曲折，了解人类文明的进步和发展。

其次，可移动文物作为文化遗产的一部分，具有独特的文化价值。它们代表了民族、地域的独特文化传统和精神追求，是民族文化的重要组成部分。通过对文物的保护和传承，我们可以加深对自己文化传统的认同感和自豪感，增强民族凝聚力和文化自信心。

因此，我们应当将可移动文物视为有生命的存在，赋予其适当的保护和管理权益。保护工作人员应当以高度的责任感和敬畏之心，认真履行对文物的保护工作，确保它们得以永久保存，为后人所珍视和传颂。同时，我们也应当加强对文物的研究和教育，推动文物保护工作的不断发展，让更多的人了解和重视可移动文物的历史见证者身份，从中汲取历史的智慧和启示。

（2）保护文物权益的道德观念

保护文物权益的道德观念是文物保护工作的核心和基石。这一道德观念反映了对文物重要性的认知，以及对文物合法权益的尊重和维护。文物保护工作人员应当深刻内化这一道德观念，将其视为推动文物保护工作的重要动力。

首先，保护文物权益的道德观念源于对文物的重要性的认知。文物不仅仅是历史的见证者，更是文化遗产的珍贵组成部分。它们承载着丰富的历史信息和文化意义，反映了人类社会的发展历程和文明成就。因此，保护文物的道德观念是基于对文物所蕴含的历史、艺术和文化价值的深刻理解和认识。

其次，保护文物权益的道德观念体现了对文物合法权益的尊重和维护。文物作为文化遗产，享有与生俱来的权利，包括被保护、被传承和被利用的权利。文物保护工作人员应当秉持公正、客观的态度，确保文物的合法权益得到有效保护。这包括采取措施防止文物被损坏或丢失，保障文物的安全和完整性，以及推动文物的合法流通和利用。

最后，保护文物权益的道德观念是文物保护工作的重要动力。只有深刻理解和内化这一道德观念，文物保护工作人员才能真正发挥自己的作用，履行好文物保护的职责和使命。他们应当以高度的责任感和敬畏之心对待文物，不断提升自己的专业水平和道德修养，为文物的永久保存和传承不懈努力。

2. 确保文物的完整性和安全性

（1）加强保护和管理工作

为了确保文物的完整性和安全性，文物保护工作人员应当加强对文物的保护和管理工作，这是文物保护工作的重要任务之一。文物不仅代表了历史和文化，也承载了社会的记忆和价值，因此必须得到妥善的保护和管理，以确保其永久保存和传承。

一是，加强文物的安全防护措施至关重要。文物保护工作人员应当采取多种措施，包括安装监控设备、加强巡逻和警戒等，以防止文物遭受损坏、失窃等不法侵害。监控设备可以帮助监测文物周围的情况，及时发现异常情况并采取应对措施。同时，加强巡逻和警戒可以增加文物所在地区的安全性，减少不法分子的犯罪行为，有效保护文物的安全。

二是，建立健全的管理制度和流程也是保护文物的关键。文物保护工作人员应当建立规范的文物管理制度，包括文物的编目、入库、出借、移动和检测等方面的管理流程，以确保文物的安全和完整性。这需要建立科学合理的管理体系，明确各项管理程序和责任人，确保文物管理工作的有序进行。

三是，加强文物保护意识的培养也是至关重要的。文物保护工作人员应当通过开展文化教育活动、组织专题讲座等方式，提高公众对文物保护的重视和认识，增强社会各界对文物保护工作的支持和参与度。只有形成全社会共同关注、共同参与的文物保护氛围，才能更好地保护和管理好文物资源。

（2）提高防灾能力

为了应对突发事件和自然灾害的可能性，文物保护工作人员还应当提高文物的防灾能力。这项工作至关重要，因为自然灾害如地震、火灾、洪水等常常是导致文物损坏和破坏的重要原因之一。因此，采取有效的措施来提高文物的防灾能力，对于保护文物资产和文化遗产具有重要的意义。

一是，制定应急预案是提高文物防灾能力的关键步骤之一。应急预案是在突发事件发生时，为了减少损失和保护文物安全而采取的应急措施的详细规划。文物保护工作人员应当根据不同的灾害情景，制定相应的预案，并确保预案的及时性、可行性和有效性。这包括明确各种灾害事件的预警信号和应对措施，明确责任部门和责任人，以便在灾害发生时能够迅速有效地展开应急救援工作。

二是，加强文物存储和展示场所的抗灾能力也是至关重要的。文物保护工作人员应当通过加固建筑结构、设置防护设施、提高防火防水设施的性能等方式，提高文物存储和展示场所的抗灾能力，减少灾害对文物的损害。例如，在地震多发地区，可以采取加固建筑结构、固定文物展示柜等措施，以增强建筑物的抗震能力；在火灾易发地区，可以安装火灾报警器、灭火器等设施，提高文物存储场所的火灾防护能力。

三是，定期进行防灾演练和培训也是提高文物防灾能力的重要手段。文物保护工作人员应当定期组织开展各类防灾演练和培训活动，提高工作人员的应急处置能力和应变能力，增强他们面对突发事件时的应对能力和应变能力。这样可以有效地提高文物保护工作人员的应急响应能力，保障文物在突发事件中的安全和完整性。

3. 文物的合法流通和利用

（1）推动文物合法交易

为了促进文物资源的合理利用，文物保护工作人员应积极推动文物的合法交易。这一举措旨在确保文物资源得到有效的管理和利用，同时促进文物保护事业的可持续发展。

一是，支持建立合法的文物交易市场是推动文物合法交易的关键之一。通过建立合法的文物交易市场，可以提供一个规范、透明的平台，让文物交易更加规范和有序。这种市场机制可以有效地规范文物交易行为，防止非法文物流入市场，保障文物合法交易的权益和安全。

二是，规范文物交易行为是推动文物合法交易的重要手段之一。文物保护工作人员应当积极参与制定文物交易的相关法律法规和规范，明确文物的交易程序和标准，规范文物交易行为，防止文物走私和非法交易的发生。同时，建立健全的文物交易登记和备案制度，加强对文物交易市场的监督和管理，确保文物的合法流通和交易过程。

三是，加强文物交易的信息公开和宣传也是推动文物合法交易的有效途径之一。文物保护工作人员应当积极开展文物交易信息的收集、整理和发布工作，提高公众对文物交易的了解和认识，增强社会对文物交易的信任和支持。同时，加强文物交易市场的宣传和推广，吸引更多的合法文物交易参与者，促进文物交易市场的健康发展。

（2）促进文物资源的合理配置

为了实现文物资源的合理配置和价值实现，文物保护工作人员需要积极探索各种途径，推动文物资源的多元化利用。这一举措旨在更好地满足社会对文物的需求，促进文物保护事业的可持续发展。

一是，文物保护工作人员可以借鉴国际经验，推动文物资源的多元化利用。在国外，许多文物机构已经将文物资源应用于文化创意产业、旅游业等领域，取得了显著的经济和社会效益。因此，文物保护工作人员可以通过与国际合作机构、专业组织和企业合作，学习借鉴其成功经验，探索将文物资源运用于不同领域的途径和方法。

二是，加强文物资源的数字化建设，推动文物数字化利用，是实现文物资源合理配置的重要手段之一。通过数字化技术，可以将文物资源转化为数字化数据，实现文物资源的虚拟展示、在线展览等形式，拓展文物的传播渠道和观众群体。同时，数字化技术还可以为文物的研究、教育和保护提供便利，促进文物资源的充分利用和价值实现。

三是，积极发展文物旅游产业，推动文物资源与旅游业的深度融合，也是实现文物资源合理配置的有效途径之一。文物保护工作人员可以通过打造文物旅游品牌、设计文化旅游线路等方式，将文物资源与旅游景点相结合，吸引更多游客前来参观、学习和体验，实现文物资源的经济价值和社会效益的双重增长。

二、道德准则对文物保护实践的约束与指引

（一）保密与保护原则

1. 遵守保密原则

文物保护工作涉及一些机密性较高的信息，这些信息包括文物的具体位置、保管方法等重要细节。在文物保护工作中，保密原则是至关重要的，它不仅直接关系到文物的安全和保密，也影响着文物保护工作的顺利进行和成果的保障。

文物保护工作人员应当严格遵守保密原则，将文物的相关信息视作机密，并采取一切必要措施确保这些信息不被未经授权的人员获取或泄露。这意味着他们不应擅自向外界披露文物的具体位置和保管方法，不得将相关信息透露给任何可能对文物安全构成威胁的个人或组织。

保密原则的遵守对于文物的安全和保护至关重要。文物往往承载着丰富的历史、文化和艺术价值，一旦泄露其具体位置或保管方法，可能会受到盗窃、损坏甚至丧失。因此，文物保护工作人员必须以高度的责任心和专业素养来对待保密信息，时刻保持警惕，防止机密信息的泄露和滥用。

保密原则的遵守也是文物保护工作的法律和道德要求。按照相关法律法规和职业操守，文物保护工作人员有义务保护文物的机密信息，不得以任何形式将其泄露给未经授权的人员。只有确保文物保密信息的安全，才能有效保护文物的安全和完整，实现文物保护工作的目标和使命。

2. 公正与专业

在文物保护工作中，公正和专业是至关重要的原则。文物保护工作人员必须以公正、客观的态度对待文物，确保其工作不受到个人情感或利益的影响。这意味着在文物的评估、鉴定、修复等过程中，必须严格遵循客观事实和专业标准，确保文物的保护工作符合专业要求和道德规范。

公正和专业的原则要求文物保护工作人员在处理文物问题时，不偏不倚地对待各种情况。无论是评估文物的价值，鉴定文物的真伪，还是进行文物的修复和保管，都必须以客观的态度和专业的知识进行判断和处理。不应受到外界压力或个人偏见的影响，保持独立、客观的立场，维护文物保护工作的公正性和专业性。

在文物保护工作中，公正和专业的原则还要求文物保护工作人员不断提升自身的专业素养和技能水平。他们应当不断学习和积累知识，了解最新的文物保护

理论和技术，不断提高自己的专业能力和修养水平，以更好地适应文物保护工作的需要，保持公正、客观的态度。

3. 保持专业素养和职业操守

在文物保护工作中，保持良好的专业素养和职业操守至关重要。文物保护工作人员应不断努力，提升自己的专业知识和技能，以确保文物保护工作的高水平和专业性。

首先，文物保护工作人员需要具备扎实的专业知识和技能。他们应当深入学习文物保护领域的相关知识，包括文物材料学、文物修复技术、文物保管管理等方面的内容。只有通过系统地学习和实践，才能掌握文物保护的基本理论和技术，为文物的保护工作提供专业支持。

其次，文物保护工作人员应密切关注文物保护领域的最新进展和技术变革。他们应积极参与学术研讨会、专业培训和国际交流活动，了解最新的文物保护理论和技术，掌握行业的发展动态，不断更新自己的知识和视野，以适应文物保护工作的开展需求。

文物保护工作人员还应树立正确的职业操守和道德观念。他们应始终以文物的利益和安全为重，秉持诚实、勤奋、敬业的工作态度，不为私利而损害文物的利益，不以损害文物为代价谋取个人利益。同时，他们还应尊重文物的历史和文化价值，保持对文物的敬畏之心，以崇高的责任感和使命感履行文物保护工作。

（二）社会责任与公众参与

1. 意识到社会责任的重要性

文物保护工作的重要性不仅在于其专业性，更在于其社会责任。文物作为历史的见证者和文化的传承者，承载着人类文明的记忆和智慧，是整个社会共同的财富。因此，文物保护工作人员应当意识到自己所承担的社会责任，并积极倡导和推动公众参与文物保护工作。

首先，文物保护工作人员应认识到文物保护事业的重要性和紧迫性。他们应向公众宣传文物保护的重要意义，加深公众对文物保护工作的认识和关注，引导社会各界积极参与文物保护工作。

其次，文物保护工作人员应积极与社会各界开展合作，共同推动文物保护事业的发展。他们可以与政府部门、学术机构、非营利组织、企业界等建立合作关系，共同制定文物保护政策和规划，开展文物保护项目和活动，共同承担文物保护的责任和义务。

文物保护工作人员还应加强与公众的沟通和互动，提高公众参与文物保护工作的积极性和主动性。他们可以通过举办文物展览、开展文物保护讲座、组织志愿者活动等方式，吸引更多的公众参与文物保护工作，形成社会各界共同关注和支持文物保护的良好氛围。

2. 促进公众参与文物保护工作

文物保护工作的成功离不开公众的积极参与和支持。文物保护工作人员应该以积极的态度倡导和促进公众参与文物保护工作，从而实现文物保护事业的长远发展和可持续性。

首先，文物保护工作人员可以通过举办各种文化教育活动来吸引公众参与文物保护。这些活动可以包括文物展览、讲座、研讨会、工作坊等，旨在向公众传达文物保护的重要性和意义，引发公众对文物保护的兴趣和关注。通过这些活动，公众可以了解文物保护的基本知识和技能，增强对文物保护事业的支持和参与意识。

其次，文物保护工作人员可以鼓励和组织志愿者参与文物保护工作。志愿者可以通过清理文物、修复损坏文物、参与文物保护展览等方式来贡献自己的力量。他们不仅可以为文物保护工作提供实际帮助，还可以成为文物保护事业的宣传者和推动者，为文物保护工作的普及和发展做出贡献。

文物保护工作人员还可以设立文物保护基金，吸引社会各界捐赠资金支持文物保护工作。这些资金可以用于文物保护项目的实施、文物修复设备的购置、文物保护人才的培养等方面，为文物保护工作提供必要的资金保障和支持。

第五章　博物馆可移动文物的
保护技术与方法

为了有效保护博物馆可移动文物，需要采用一系列保护技术与方法。本章是关于博物馆可移动文物的保护技术与方法的详细探讨（见图 5-1）。

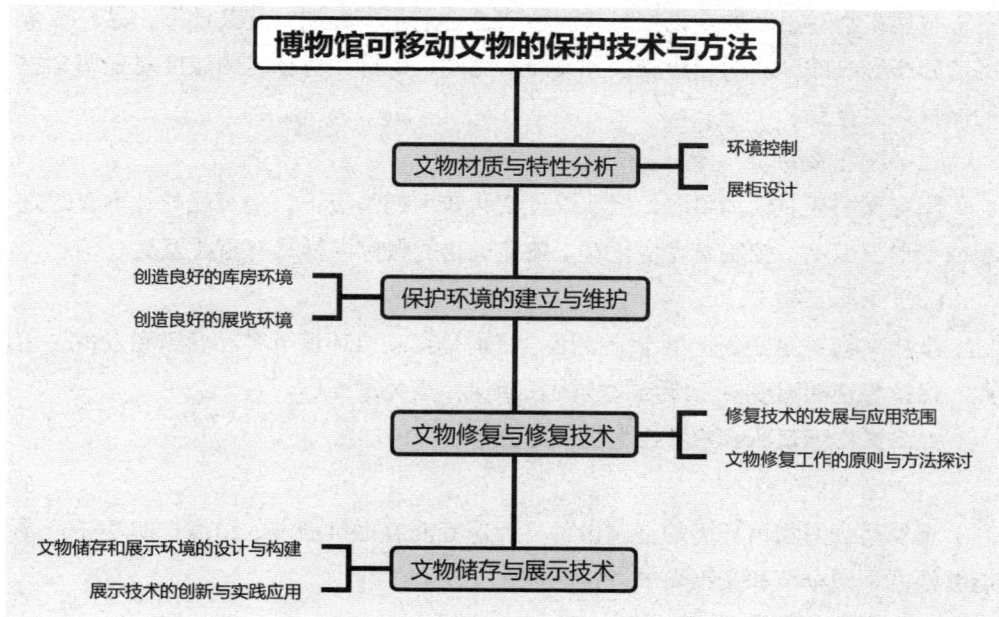

图 5-1　博物馆可移动文物的保护技术与方法架构图

第一节　文物材质与特性分析

一、环境控制

（一）温度控制

1. 不同材质文物对温度变化的敏感程度不同

（1）金属文物

金属矿物对温度的变化相对较为敏感，特别是在极端温度条件下，易导致金属的膨胀和收缩，从而加速腐蚀和损坏。因此，维持相对稳定的温度对金属文物的保存至关重要。

（2）陶瓷文物

陶瓷文物相对较为耐温，但在温度变化较大的情况下，仍可能导致陶瓷的破裂或变形。因此，控制温度变化对于陶瓷文物的保存同样具有重要意义。

（3）纸质文物

纸质文物对温度变化也十分敏感，特别是在高温环境下容易变脆和发黄。因此，保持稳定的温度对于纸质文物的长期保存至关重要。

2. 安装空调设备以维持适宜的温度条件。

（1）空调设备选择

选择适合博物馆环境的空调设备，确保其能够提供稳定的温度控制功能，并能够根据不同季节和文物需求进行调节。

（2）温度范围设定

设定合适的温度范围，一般来说，博物馆的温度控制在18℃—22℃之间为宜，避免出现极端温度变化。

（二）湿度控制

1. 湿度是影响文物保存的另一个重要因素

（1）高湿度

高湿度会导致文物发霉、变质，同时也容易促进金属文物的腐蚀和纸质文物的黄变。因此，需要及时控制环境中的湿度，避免文物受潮和受损。

（2）低湿度

低湿度可能使某些材质变脆，尤其是纸质文物容易在低湿度环境下产生裂纹和变形。因此，需要保持一定的湿度水平，以维持文物的稳定性和完整性。

2.通过安装加湿器或除湿器等设备，调节博物馆内的湿度

（1）加湿器

在文物保护中，干燥的环境常常是导致文物受损的一个重要因素。干燥的环境可能会导致文物材质的收缩、变形、开裂等问题，严重影响文物的保存和保护。为了防止文物在干燥的环境中受损，加湿器被广泛应用于文物保护领域。

加湿器的作用在于增加空气中的湿度，从而提供一个湿润的环境，有利于文物的保护。在干燥的季节或环境中，空气中的湿度通常会降低到较低的水平，这对于一些容易受湿度影响的文物来说可能会造成严重的损害。加湿器通过向空气中释放水蒸气，可以有效地提高空气中的湿度，使其保持在适宜的范围内。

适当的湿度对于文物的保存至关重要。过低的湿度可能导致文物的干燥和变形，增加其脆弱性和易损性。而过高的湿度则可能导致文物受潮、霉变等问题，进一步加剧文物的损坏。因此，加湿器的使用需要根据文物的具体情况和环境条件进行调节，确保提供一个稳定而适宜的湿度环境。

（2）除湿器

潮湿的环境对于文物的保存是一个极具挑战性的问题。在潮湿的季节或环境中，空气中的湿度往往会升高，可能导致文物受潮、发霉等问题，严重影响其完整性和保存状态。为了应对这一问题，除湿器成为文物保护领域中常用的工具之一。

除湿器的主要作用是降低空气中的湿度，从而提供一个相对干燥的环境，有利于文物的保存和保护。通过除湿器的使用，可以有效地控制空气中的湿度，防止文物受潮和发霉。特别是在潮湿的季节或环境中，除湿器的作用尤为重要，能够帮助文物保持干燥和稳定的状态，降低受潮的风险。

除湿器的使用原理通常是通过吸收空气中的水分，将其转化为液态水或者以其他形式排出，从而达到降低湿度的目的。在文物保护中，除湿器可以根据文物所处的具体环境和湿度情况进行调节，确保提供一个适宜的湿度水平，有助于文物的长期保存和保持。

二、展柜设计

（一）尺寸设计

1. 文物尺寸

文物的尺寸是设计和选择展柜时需要考虑的重要因素之一。展柜的尺寸应当能够适应不同大小的文物，确保它们能够得到充分地展示并展示其完整性和特征。

对于大型文物而言，展柜的高度和宽度尤为重要。大型文物可能具有较大的体积和高度，因此展柜需要具备足够的宽敞空间，以容纳这些文物并展示其整体特征。展柜的高度应当足够高，以确保大型文物在展示时不会受到空间限制，从而能够完整地展示其尺寸和外观。

除了展柜的高度和宽度外，展柜的深度也是一个需要考虑的因素。深度适当的展柜能够为文物提供足够的展示空间，并使观众能够从不同角度观察文物，增强展示效果和观赏体验。

此外，展柜的结构和布局也需要考虑文物的尺寸因素。展柜的内部结构应当设计合理，能够根据文物的尺寸和形状进行调整和适应，确保文物能够稳固地展示并得到有效的支撑和保护。

2. 间隙设置

在设计展柜尺寸时，留出适当的间隙是至关重要的一项考虑因素。这些间隙的设置旨在确保文物在展示过程中不会与展柜产生摩擦或碰撞，从而避免造成文物的损坏或磨损。间隙的大小需要根据文物的尺寸、形状以及展示需求来合理确定，既要保证文物的安全性，又要不影响观赏效果。

一是，考虑文物的尺寸和形状。对于较大的文物，需要留出较大的间隙以确保其充分展示的同时，也要防止文物之间或文物与展柜之间发生碰撞。对于小型文物或细致的展示品，可以减小间隙的大小，但仍需保证足够的空间以避免碰撞和损坏。

二是，需要考虑观众的视觉体验。适当的间隙设置可以使观众更好地观赏文物，从不同角度欣赏其细节和特色，提升观赏体验。因此，间隙的设置不仅要考虑文物的安全，还要考虑观众的观赏效果和舒适度。

三是，间隙的设置也需要考虑展柜的结构和材质。合理的间隙设计应当与展柜的结构相匹配，确保文物能够稳固地放置在展柜内，同时也要考虑展柜的材质是否会对文物产生任何影响。

（二）内部支撑结构

1. 根据文物特性

针对易碎或脆弱的文物，设计合适的内部支撑结构是展柜设计中不可或缺的一环。这些文物可能由于年代久远、材质脆弱或构造特殊而容易受到外界环境的影响，因此需要特别的支撑来确保其安全展示并减轻外部压力对其造成的影响。设计这种内部支撑结构的关键在于根据文物的形状、重量分布以及材质特性等因素，制定出能够有效支撑文物并提供最大保护的方案。

一是，需要对文物的形状和重量分布进行详细分析。对于复杂形状的文物，如雕塑或陶瓷器皿，需要了解其重心位置以及可能存在的脆弱部位。通过对文物进行仔细观察和测量，可以确定内部支撑结构所需的形状、大小和位置。

二是，根据文物的特性和需求，设计出合适的支撑方案。这可能包括使用各种材料制作支撑架、支撑柱或内部支撑网格，以确保文物在展示过程中保持稳定和安全。对于较大或重量较大的文物，可能需要设计更复杂的支撑结构，例如多点支撑或悬挂系统，以分散文物的重量并减轻对支撑点的压力。

三是，在设计内部支撑结构时，还需考虑到材料的选择和制作工艺。应选用无害于文物的材料，并确保支撑结构的制作工艺精湛，不会对文物造成任何损害或污染。此外，内部支撑结构的安装位置和固定方式也需要经过精心设计，以确保支撑结构与文物的结合紧密而稳固。

2. 内部填充物

在展柜设计和文物展示中，对于特别脆弱的文物，如玻璃器皿、陶瓷艺术品或纸质物品，添加内部填充物是一种常见的保护措施。这些填充物可以提供额外的支撑和缓冲，有助于减轻外界压力对文物的影响，保护其完整性和稳定性。

内部填充物的选择应该根据文物的特性、材质以及展示环境来确定。泡沫塑料、软垫和棉花等材料通常被用作内部填充物，因为它们轻便柔软，能够提供良好的缓冲效果，并且不会对文物造成额外的损害。这些填充物可以根据文物的形状和尺寸进行剪裁和定制，确保与文物的接触表面光滑均匀，不会对文物造成摩擦或划痕。

在添加内部填充物时，需要注意填充物的密度和厚度。填充物应该足够密实，能够有效支撑文物的重量，并在文物受到外力冲击时提供足够的缓冲保护。

同时，填充物的厚度应该适中，不要过于厚重，以免影响文物的观赏效果和展示效果。

除了填充物的选择和使用，还应该注意填充物的布置和固定。填充物应该均匀地分布在文物的周围和底部，确保文物受力均衡，并避免局部压力过大导致损坏。填充物与文物之间的接触表面应该平滑，不应该有突出或尖锐的部分，以防止对文物表面造成损伤。

（三）光线照明

1.柔和光线

在文物展示和保护中，采用柔和、均匀的照明是至关重要的。过强的光线不仅可能导致文物颜色褪色、表面材料老化，还可能对某些材质产生热量，进而引起变形或破损。因此，选择适合的照明设备至关重要，以确保文物受到良好的保护和展示。

LED灯是一种常见且适用于文物展示的照明设备。相较于传统的白炽灯或荧光灯，LED灯具有发光均匀、色温可调、低能耗等优点。此外，LED灯的光线辐射较低，不会产生过多的热量，能够有效减少对文物的潜在损害。通过使用LED灯，可以为文物提供柔和、均匀的照明，确保其在展示过程中受到最佳的光线照射。

除了LED灯外，还可以考虑特制的展柜照明灯。这些照明灯通常由专业设计师或保护专家设计，具有特定的光线角度和亮度控制，以确保文物受到最佳的照明效果。这些特制的照明灯通常会考虑到文物的特性和展示需求，为文物提供最适宜的光线环境，保护文物免受光线损害。

在选择照明设备时，还应考虑到文物的特性和展示环境。不同类型的文物可能对光线的要求有所不同，有些文物可能对光线敏感，需要更加柔和的照明环境。因此，在展柜设计和照明布置时，需要根据文物的特性和展示需求，选择合适的照明设备和布置方案，以最大程度地保护文物，展示其美丽和价值。

2.避免直射

在文物保护和展示过程中，避免直射光线对文物表面的直接照射是至关重要的。长时间的直射光线不仅会导致文物表面的变色和褪色，还可能引起材料的老化和破损，严重影响文物的保护和展示效果。因此，采取合适的措施来减少或避免直射光线对文物的影响是非常必要的。

一种常见的方法是通过合理设计照明角度，避免光线直接照射到文物表面。这可以通过调整照明设备的角度和位置来实现，使光线以柔和的角度照射到文物周围或背后，而不是直接照射到文物表面。此外，还可以采用遮光罩或反光材料等设备来遮挡或反射直射光线，从而减少其对文物的影响。

除了调整照明角度和使用遮光罩外，还可以考虑采用光线过滤器来控制光线的强度和频谱，从而减少直射光线对文物表面的影响。光线过滤器可以根据文物的特性和展示需求进行选择，以确保文物受到适当的照明而不受损害。

在设计展示空间和布置照明设备时，需要充分考虑文物的特性和展示需求，采取有效的措施来避免直射光线对文物的影响。通过合理设计和科学管理，可以最大程度地保护文物，展示其美丽和价值，同时延长其保存时间。

3. 避免眩光

在博物馆照明设计中，任何眩光现象都会影响观众对展品的细致观察，尽可能消除观众视野内的各种眩光是博物馆照明设计必须做到的（见图5-2）。在博览馆照明中对于因玻璃展柜产生的反射眩光，要根据入射角和反射角的关系进行计算后确定一个无光源反射映像区，将光源发出的光线控制在此区域内，可以确保基本没有反射眩光进入观众的眼睛。消除展柜玻璃面上的反光和影子，一是调整光源的照射角度，二是保证周围环境亮度低于展柜中的亮度。精确的光学和照明设计可以避免由亮度分配不均和控制失当产生对比眩光。一般来讲，30°入射角既可以有效避免眩光，还有助于塑造三维展品的立体感，因此被称为博物馆角度。

图 5-2　博物馆照明设计例图

第二节　保护环境的建立与维护

一、创造良好的库房环境

文物库房是馆藏可移动文物长期集中存放的场所，是博物馆的核心建筑，其环境的优劣直接影响文物的寿命。做好库内文物的预防性保护，改善库房环境，使其有益于文物保护管理，应从以下几个方面改进：

（一）库房建筑与设备

1. 建筑设计规范

文物库房的建筑设计是文物保护与管理的重要环节，其合理性直接影响着文物的安全保存和有效管理。首先，库房建筑应符合国家文件要求，这包括建筑设计、结构安全等方面的相关规范和标准。符合国家文件要求意味着库房的建设必须遵循国家法律法规和标准，确保库房建筑的合法性和规范性。其次，建筑设计要确保基础夯实、结构合理、布局科学。基础的夯实是保证库房整体稳定性和安全性的基础，而结构的合理性则是建筑物能够承受外部环境和自身重力荷载的关键。布局的科学性包括库房内部空间的合理规划，使得文物的存放既安全又便捷。在规划库房内部空间时，需要考虑到文物的分类存放、通道的设置以及应急出口等因素，以确保文物的存放和管理能够达到最佳状态。总体而言，文物库房的建筑设计应以确保文物的安全保存和有效管理为核心目标，通过遵循国家文件要求、夯实基础、合理结构设计和科学布局规划等措施，为文物的长期保护和管理提供坚实的基础和保障。

2. 分类管理与专柜设置

文物分类管理与专柜设置是文物保护与管理中的重要环节，其目的在于根据文物的质地和特性，为其提供适当的存放环境以确保其长期保存和安全性。首先，根据文物的质地进行分类管理是十分必要的。文物的材质各异，包括金属、陶瓷、纸质、织物等，因此需要根据其材质特点进行分类管理。通过分类管理，可以使得不同材质的文物得到不同的存放环境和管理手段，以最大程度地保护其安全。其次，针对珍贵文物，可以设置专柜或专库进行管理。专柜或专库通常具有更高的安全性和保护性，能够为珍贵文物提供更为安全的存放环境。在设置专柜或专库时，需要考虑到文物的特殊需求，包括光线、温湿度等环境因素，以确保文物得到最佳的保存条件。此外，文物存放柜架的选择也至关重要。存放柜架应选用耐腐蚀、稳固的金属或优质木材制作，以确保文物储存的稳定性和安全性。良好的柜架不仅可以有效地支撑文物重量，还能够抵御外部环境的影响，保护文物不受损坏。综上所述，分类管理与专柜设置是文物保护与管理中的关键环节，通过科学合理地分类管理和设置专柜，可以有效地保护和管理文物，确保其长期保存和安全性。

（二）环境质量标准与控制

1. 制定环境标准

为了确保文物得到最佳的保护，需要制定严格的环境标准，以确保文物保存在最适宜的环境条件中。这些环境标准应结合国内外的研究成果和本馆文物的特点，涵盖温度、湿度、空气污染物和光照水平等方面。

首先，温度是影响文物保存的重要因素之一。一般来说，宜选取相对稳定的温度，以避免文物因温度变化而受损。国际上通常将文物保存的温度控制在18℃~22℃之间，保持相对稳定，避免温度剧烈波动。对于某些特殊材质的文物，如陶器、金属器物等，还需根据其特性调整温度标准，以确保最佳的保存效果。

其次，湿度也是文物保存中不可忽视的因素。过高的湿度容易导致文物发霉、变形或氧化，而过低的湿度则会使文物干裂、脆化。因此，国际上常将文物保存的相对湿度控制在50%~55%之间，以保持文物的稳定状态。同时，也需要定期监测环境湿度，确保其符合保存要求。

除了温度和湿度外，空气污染物也可能对文物造成损害。例如，二氧化硫、氮氧化物等有害气体可能导致文物表面变色、腐蚀等问题。因此，需要通过适当的通风设施或空气过滤装置来控制空气中的污染物浓度，保持空气清洁。

最后，光照水平也是文物保存中需要考虑的因素之一。过强的光线会导致文物颜色褪色、表面老化等问题，因此需要控制光照强度和持续时间，避免直接阳光直射文物。对于展览场所，应选取避光性好的材料，使用紫外线过滤器等设备来减少光线对文物的损害。

2.24 小时稳定温湿度

为确保文物得到最佳的保护，需要在文物库房内维持 24 小时稳定的温度和相对湿度。现代先进的调控设备是实现这一目标的关键，包括中央空调系统、恒温恒湿机组、除湿机以及加湿器等。

首先，中央空调系统是维持库房内稳定温度的主要设备之一。通过精密的温度调节装置和空气循环系统，中央空调可以确保库房内的温度保持在设定的稳定水平。温度稳定对于文物的保存至关重要，因为过高或过低的温度都会对文物造成损害，如导致纤维材料膨胀或收缩、金属材料氧化等。

其次，恒温恒湿机组是控制库房内相对湿度的关键设备。通过监测环境湿度并自动调节加热或制冷装置，恒温恒湿机组可以确保库房内的相对湿度保持在设定的稳定水平。相对湿度的稳定对于文物的保存同样至关重要，因为湿度的变化会导致文物发霉、变形或氧化。

除了恒温恒湿机组，除湿机和加湿器也是维持湿度稳定的重要设备。在湿度过高的情况下，除湿机可以通过吸湿功能将库房内多余的水分排出，避免文物受潮或发霉。而在湿度过低的情况下，加湿器则可以释放适量的水汽，调节空气中的湿度，防止文物因干燥而产生裂纹或脆化。

（三）空气污染物控制

1. 使用空气净化设备

为了确保文物得到最佳的保护，文物库房需要配备空气净化设备，以保持空气清新，并避免污染物对文物的影响。这些设备包括新风系统、专用空气净化器和吸附剂，它们共同协作，确保库房内的空气质量符合保护文物的要求。

一是，新风系统是维持库房内空气清新的关键设备之一。通过引入新鲜空气并排出库房内的污染空气，新风系统可以有效地净化库房内的空气，保持空气的流通和更新。这有助于排除可能存在的有害气体、异味和灰尘等污染物，从而减少它们对文物的影响。

二是，专用空气净化器是进一步提高库房内空气质量的重要设备。这些空气净化器具有高效的过滤系统，能够有效去除空气中的微尘、细菌、病毒和其他有害物质。通过连续运行，空气净化器可以确保库房内的空气清洁，并降低因空气污染物而对文物造成的损害。

三是，吸附剂也是保护文物免受空气污染的重要手段之一。吸附剂通常采用活性炭或其他吸附材料制成，可以吸附空气中的有害气体和化学物质，如甲醛、硫化氢等。通过在库房内放置适量的吸附剂，可以进一步提高空气质量，减少有害物质对文物的侵害。

2. 使用环保材料

为了确保文物得到最佳的保护，文物库房的建筑和装修材料应当选择无污染的环保材料。这些材料具有低挥发性有机物含量、低甲醛释放率、无毒无害等特点，能够为文物提供一个安全、无害的环境，保证其长期保存和展示。

一是，选用环保材料是减少文物受污染的重要手段之一。传统的建筑和装修材料中可能含有挥发性有机物、甲醛、重金属等有害成分，长期释放会对文物造成危害。因此，在建设文物库房时，应选择环保材料，如无 VOC（挥发性有机物）的油漆、无甲醛的地板、无毒无害的隔断材料等，确保文物所处的环境不受有害物质污染。

二是，环保材料具有良好的稳定性和耐久性，能够长期保持其物理和化学性质，不易产生变质和污染。这有助于保持文物库房内的环境稳定，减少对文物的不利影响，为文物提供一个安全的保存环境。

三是，选择环保材料还符合可持续发展的理念，有利于减少对环境的破坏和资源的消耗。采用环保材料建造文物库房不仅能够保护文物，还能够保护自然环境，为后代留下一个更加清洁、健康的生活空间。

（四）光线辐射控制

1. 遮光和无紫外线灯

为了最大程度地减少光线对文物的伤害，文物库房应采取遮光和无紫外线灯等措施，以保护文物的完整性和长期保存。

首先，使用遮光窗帘进行避光是有效的措施之一。光线中的紫外线和可见光都可能对文物造成损害，特别是某些纤维素、颜料等易受光线影响的文物更为敏感。通过安装遮光窗帘，可以有效地控制光线的进入，降低光照强度，减少光线对文物的直接暴露，从而降低文物受到的光线损害。

其次，安装无紫外线灯具是保护文物的重要手段之一。紫外线是光谱中最具有破坏性的一种，它不仅能够导致文物表面颜色褪色，还会影响文物的结构和稳定性。因此，在文物库房的照明设备选用上，应选择无紫外线灯具，以减少紫外线对文物的危害。这些无紫外线灯具可以有效降低紫外线的辐射量，保护文物不受光线损害。

2. 独立保护装置

针对特别敏感的文物，可以采取独立保护装置的措施，以最大限度地保护其不受光线辐射和其他损害。

独立保护装置是专门为文物量身定制的保护设备，通常采用囊匣形式，并采用避光密闭的设计。这种装置能够将文物完全隔离于外界光线之外，有效地降低了文物受到光线辐射的风险。在设计时，应根据文物的尺寸、形状和特性来量身定制装置的大小和形状，确保文物能够被完整地包裹在内部，避免外界光线的直接照射。

除了避光设计之外，独立保护装置的内部还应填充软质缓冲材料，如泡沫塑料、气囊等，以提供良好的缓冲和支撑效果。这些缓冲材料能够减轻外部冲击对文物的影响，降低文物发生损坏的风险，同时也能够保持文物的稳定性和完整性。

在使用独立保护装置时，需要定期检查其状态并进行维护，确保其密封性和缓冲效果。如果发现装置有损坏或松动的情况，应及时修复或更换，以确保文物能够得到持续地保护。

（五）生物和微生物危害控制

1. 严格检查和消毒处理

在文物入库之前，必须进行严格的检查和消毒处理，以确保文物的完整性和安全性。这一步骤是文物保护工作中至关重要的一环，它涉及对文物所携带的潜在生物危害进行有效控制，从而保护文物免受生物危害的影响。

首先，严格的检查程序应该确保对每件文物进行仔细而全面地检视。在检查过程中，需要注意文物表面是否有虫蛀、霉变等迹象，以及是否存在其他生物污染的情况。一旦发现有质变情况，如虫蛀或霉变，就需要立即采取相应的措施进行处理。

除虫处理是防止文物受到虫害侵害的关键步骤之一。常用的除虫方法包括化学除虫和物理除虫两种。化学除虫主要是利用化学药剂对文物进行处理，以杀灭文物表面或内部的虫蛀生物；物理除虫则是利用物理手段，如低温冷冻、高温烘烤等方法来除去文物上的虫蛀生物。消灭虫蛀生物的同时，也要注意保护文物本身的质地和完整性。

除了除虫处理外，还需要进行除霉、消毒和清洁等处理。对于受到霉菌污染的文物，应采取有效的除霉措施，清除文物表面和内部的霉菌，并采取防止霉菌再生的措施。同时，为了防止文物受到其他生物污染，还应进行消毒处理，以确保文物处于无菌状态。清洁处理则是针对文物表面的污垢和污染物进行清除，保持文物的清洁和整洁。

2. 定期空仓消毒

定期进行库房的空仓消毒是文物保护工作中的一项重要举措，旨在有效防止生物和微生物对文物的损害。这项措施涉及对整个库房内部的彻底消毒，以清除潜藏在空气和物品表面的细菌、霉菌和其他微生物，从而保障文物的安全与完整。

首先，进行空仓消毒的时间选择至关重要。一般而言，最佳的时间是在文物入库或展览前，这样可以确保在文物受到潜在威胁之前，就将库房内部的潜在危害因素清除干净。此外，定期进行空仓消毒也是必要的，通常可以根据文物的保存状态和环境情况，制定合理的消毒频率。

在进行空仓消毒时，需要选择合适的消毒方法和药剂。常见的消毒方法包括化学消毒、物理消毒和生物消毒等。化学消毒是通过使用化学药剂来杀灭细菌、真菌和病毒等微生物，具有较高的效果和广泛的适用性。物理消毒则是利用物理手段，如紫外线照射、高温蒸汽等来灭活微生物，通常适用于一些特殊场合或材料。生物消毒则是通过利用一些生物制剂，如细菌和真菌的消毒剂来对文物进行处理，具有较低的毒副作用和环境友好性。

在进行空仓消毒时，需要注意对文物本身的保护。文物可能对一些消毒药剂敏感，因此在选择药剂和方法时，需要根据文物的特性和材质进行合理选择。此外，在消毒过程中需要注意保护好文物的外观和完整性，避免因消毒过程导致文物表面的褪色、变形或损坏等问题。

二、创造良好的展览环境

创造良好的展览环境对于保护展出文物至关重要。从展厅建筑、环境条件、空气质量、光线照射、生物危害以及外展文物的保护等方面进行细致的管理和控制，可以最大限度地减少文物受损的风险，确保文物的安全和完整性。

（一）展厅建筑及展陈设施的结构与规范要求

在创造良好的展览环境中，展厅建筑及展陈设施的结构与规范要求是至关重要的一环。首先，展厅的建筑结构必须坚固可靠，以确保文物的安全。这包括使用高品质的建筑材料和符合建筑安全标准的结构设计。展陈设施的布局应科学合理，考虑到观众流动、文物保护和展示效果等因素。同时，必须符合相关规范要求，如消防安全、建筑结构设计规范等，以确保展厅整体安全性。

展厅内的文物展柜也必须符合严格的规范要求。展柜应设计为具有防盗、防火、防水等功能，并配备固定设施以确保文物的稳固摆放。针对易碎文物，应使用具有缓冲功能的辅助材料，并采取丝线等固定装置，以防止其在展示过程中发生意外损坏。总体而言，展厅建筑及展陈设施的结构与规范要求是展览环境中不可或缺的基础保障。

（二）展厅环境的温湿度控制

展厅环境的温湿度稳定对于文物的保护至关重要。通过中央空调、高效调湿机组等设备调控展厅的温湿度是基本手段，但由于外界因素的影响，难以完全精准控制。因此，展厅环境需要采取一系列措施以维持稳定的温湿度。

加强展柜的密封性是一个有效的方法，可以减少外界气候对展厅内温湿度的影响。对于温湿度敏感的文物展柜，可在内部放置加湿器、除湿剂等设备，以维持柜内微环境的稳定。此外，定期检查和维护展厅设备的运行状况也是确保温湿度控制效果的重要举措。

（三）控制展厅内空气污染物

展厅内的空气质量直接影响文物的保存状态。为了控制展厅内的空气污染物，可采取多种措施。首先，安装空气净化设备是一项有效的方法，可以减少有害气体对文物的损害。其次，选择环保材料作为展厅建筑材料、装修材料和展柜材料，可以减少挥发性污染物的释放。此外，在展厅入口处安装除尘设备，可以有效清除观众带入的尘土，进一步减少空气中的污染物浓度。

（四）控制展厅内的光线辐射

光线辐射是文物保存过程中一个重要的因素。为了最大限度地减少光线对文物的损害，展厅照明设计和施工必须严格按照国家文物局的规范进行。采用不含紫外线辐射的灯光，并在对光敏感的文物展柜内喷涂紫外线吸收剂，可以有效降低光线的损害程度。此外，安装红外感应照明设备、定期更换展品等措施也是降低光线累积效应的有效手段。

（五）控制生物与微生物危害

生物与微生物对文物的损害也是展览环境中需要重点关注的问题。为了控制生物与微生物的危害，必须采取一系列预防性措施。首先，对于直接接触文物的展陈材料，需要提前进行消毒处理，以防止微生物的侵害。其次，定期检查展厅内文物的情况，并组织专业人员对展柜内文物进行清洁，可以有效减少微生物的滋生。同时，定期在展柜内投放防虫、防霉药物，也是防止生物与微生物危害的有效措施。

第三节　文物修复与修复技术

一、修复技术的发展与应用范围

（一）传统手工修复

1.技艺传承与发展

传统手工修复技艺源远流长，历经千年传承发展。修复师傅通过世代相传的经验和技艺，掌握了各种文物修复的方法和技巧。修复师傅的手工技艺精湛，能够灵活运用各种修复工具和材料，对文物进行细致而精密地修复。

2.适用范围

传统手工修复适用于一些简单的文物损伤修复，如表面的小裂纹、局部的缺失等。这种修复方式主要依靠人工手工操作，对修复师傅的技艺要求较高。传统手工修复技术在修复陶瓷、玻璃、金属等材质的文物时具有较广泛的应用范围。

3.修复工具与材料

传统手工修复所使用的工具和材料主要包括石膏、胶黏剂、颜料等。修复师傅需要根据文物的损伤情况选择合适的修复工具和材料，并通过手工技艺进行精细地修复。修复过程中，修复师傅还需要运用各种传统的修复技巧，如补补、嵌嵌、刻刻等，以保证修复效果的质量和稳定性。

（二）现代科技辅助修复

1.优化修复技术

数字化修复技术利用计算机辅助设计软件，通过对文物损伤的数字化建模和仿真，实现文物损伤的精准定位和分析。修复师傅可以在计算机上进行虚拟修复，通过数字化模拟实现对文物损伤的修复和重建。

2.扫描技术

激光扫描技术能够精确获取文物表面的三维数据，为修复工作提供准确的参考。修复师傅可以根据激光扫描的数据，制定修复方案和操作流程，实现文物损伤的精细修复。

3. 材料修复技术

纳米材料修复技术利用纳米材料的特殊性质，对文物损伤进行修复和保护。修复师傅可以使用纳米材料填充文物的细小裂纹和孔洞，增强文物的结构稳定性和抗老化能力。

（三）应用范围

1. 各种材质的文物

传统手工修复和现代科技辅助修复技术适用于各种材质和类型的文物，如陶瓷、金属、纸质、织物、玻璃、象牙等。不同材质的文物需要采用不同的修复方法和材料，以确保修复效果的稳定性和持久性。

2. 不同类型的文物损伤

修复技术不仅可以修复文物的表面损伤，还可以修复文物的结构性损伤和内部损伤。无论是表面的小裂纹、局部的缺失，还是文物的变形和断裂，修复技术都能够提供有效的修复方案和方法。

3. 文物修复与保护

修复技术的发展为文物的保护和修复提供了更加多样化和精细化的选择。修复技术不仅可以修复文物的损伤，还可以延长文物的保存时间和观赏价值，提高文物的保存和传播性，保护文物的完整性和真实性，维护文物的历史和文化价值。

二、文物修复工作的原则与方法探讨

（一）尊重文物原貌

1. 保留原始特征

文物修复的首要原则是尊重文物的原貌。修复工作应尽可能保留文物原有的外观、形态和特征，以展示其历史性和真实性。修复师傅在进行修复时，应认真研究文物的历史背景和特点，努力还原文物原始的样貌。

2. 避免过度修复

在修复过程中，应避免过度修复或人为添加。修复师傅应审慎评估修复的必要性，只对文物的受损部分进行修复，尽量不做无关的增补和修饰，以免破坏文物的历史性和原始性。

3. 尊重历史痕迹

文物修复应尊重文物的历史痕迹和修复痕迹。修复过程中，修复师傅应保留文物的原有痕迹和修复记录，不删除或掩盖历史修复的痕迹，以展示文物的历史演变和修复历程。

（二）最小干预原则

1. 精准评估

在修复过程中，应进行精准的文物评估，了解文物的受损程度和修复需求。修复师傅应根据文物的具体情况，选择最简单、最有效的修复方法，尽量减少对文物的干预和改动。

2. 精细操作

修复师傅在进行修复时，应进行精细的操作，避免过度磨损和损伤文物。修复工具和材料的选择也应精益求精，以确保修复效果的精准和持久。

3. 文物优先

最小干预原则要求修复师傅以文物为中心，尽量不影响文物的原始状态和完整性。修复工作应围绕着保护文物的核心目标展开，确保修复过程尽可能轻微和非侵入性。

（三）材料可逆性原则

1. 选择可逆材料

在修复过程中，应选择具有可逆性的修复材料和技术。修复材料应具有良好的可逆性，能够在需要时轻松移除或更换，以确保修复效果的持久性和稳定性。

2. 技术保守性

修复师傅在选择修复技术时，应保持谨慎和保守。优先考虑使用传统和经过验证的修复方法，避免使用对文物可能造成永久性影响的新技术和材料。

3. 修复记录与追踪

在修复过程中，应详细记录修复的过程和材料使用情况，并定期追踪修复效果。如有需要，修复记录和材料应留存备查，以便未来的修复工作和研究。

第四节　文物储存与展示技术

一、文物储存和展示环境的设计与构建

（一）环境设计原则

1. 温湿度控制

（1）理想的温湿度范围

文物储存和展示环境的温湿度控制是文物保护的基础。理想的温度范围一般应保持在 18℃~22℃之间，湿度控制在 40%~60% 之间。在这一范围内，文物的材料和结构不容易受到破坏，有利于文物的长期保存。

（2）温湿度变化对文物的影响

温湿度的变化会直接影响文物的物理和化学性质，导致文物发生膨胀、收缩、变形等现象，进而引发裂纹、褪色、霉变等问题。过高的湿度会导致文物受潮、霉菌滋生，而过低的湿度则容易导致文物干燥、开裂。因此，保持恒定的温湿度环境对于文物的长期保护至关重要。

（3）控制方法与设备

为了实现温湿度的控制，文物储存和展示场所通常会安装温湿度控制系统。这些系统通过调节空调温度和湿度设备，配合湿度传感器和温度控制器，实现对环境温湿度的监测和调节。同时，还可以采用密封玻璃展柜、湿度调节器等设备，对文物进行局部的温湿度控制，保障文物的安全。

2. 光照调节

（1）光照对文物的影响

光照是文物保护中不可忽视的因素之一，过强的光照会导致文物颜色褪色、表面材料老化等问题。尤其是对于某些易受光线损伤的文物，如纸质文物、染料类文物等，更需要严格控制光照强度和时间，以免对文物造成不可逆转的损害。

（2）光照调节的措施

为了减少光照对文物的影响，环境设计应采取一系列措施进行光照调节。首先是避免直射阳光直接照射文物表面，可以通过调整窗帘、安装遮光窗帘等方式

进行控制。其次是采用柔和光线照明，避免使用过强的白炽灯或紫外线灯，选择LED 等低热量、低紫外线的照明设备，以减少光照对文物的不利影响。

（3）光照监测与管理

为了实现对光照的精确控制，文物保护场所通常会安装光照监测设备。这些设备能够实时监测环境光照强度和变化趋势，为文物保护人员提供科学依据，及时采取措施调整光照环境，保护文物不受光线损伤。

3. 通风与空气质量管理

（1）通风系统的设计

良好的通风系统有助于保持环境清新，并减少空气中的污染物对文物的影响。通风系统应设计合理，能够确保室内空气的流通和更新，避免空气的滞留和二次污染。通风口的设置应考虑到文物的位置和布局，避免直接对文物表面造成风力冲击和损害。

（2）空气质量监测与净化

为了保证空气质量的清洁和稳定，通常会在文物保护场所设置空气质量监测设备。这些设备能够实时监测室内空气中的污染物浓度和变化趋势，为文物保护人员提供科学依据，及时采取净化措施。同时，还应定期清洁空气过滤器，更换过滤材料，确保空气质量符合文物保护的要求。

（3）空气净化技术的应用

除了通风系统外，还可以采用空气净化技术来提升环境空气质量。常见的空气净化设备包括空气净化器、负离子发生器等，能够有效去除室内的尘埃、细菌、霉菌等有害物质，保证室内空气的清洁和健康。

4. 防火防盗

（1）建筑材料和设施的选择

在环境设计中应考虑到防火防盗的因素，选择具有良好防火性能和安全性能的建筑材料和设施。建筑结构应采用防火材料，如防火板、防火涂料等，能有效延缓火势蔓延，保护文物不受火灾侵害。此外，建筑应设置消防设施，如灭火器、消防栓等，以便在火灾发生时及时扑灭火势，减少火灾对文物的损害。

（2）火灾报警系统的设置

在环境设计中应考虑设置火灾报警系统，及时监测火情并发出警报，以便人员及时疏散和扑救。火灾报警系统应具备灵敏的探测器和可靠的报警装置，能够在火灾初期发现火情并通知相关人员进行应急处理，从而最大程度地减少文物损失。

（3）安全防范措施的加强

为了防止文物被盗或损坏，环境设计中应采取有效的安全防范措施。例如，可以安装监控摄像头，对文物储存和展示区域进行全方位监控；设置防盗门窗，防止不法分子破坏文物或进行盗窃行为。同时，建立健全的安全管理制度和巡查机制，加强对文物保护场所的安全监管，确保文物安全。

（4）应急预案的制定与实施

在环境设计中，应充分考虑制定火灾应急预案，并确保预案得到有效实施。预案应包括火灾发生时的应急疏散程序、人员职责分工、文物转移和保护措施等内容，以保障文物和人员的安全。定期组织火灾演练，提高应急处置的能力和水平，确保在火灾发生时能够做出及时有效的应对措施，最大限度地减少文物损失。

（二）结构设计与建造

1. 建筑结构稳定性

（1）结构设计原则

文物储存和展示环境的建筑结构设计应遵循一系列原则，以确保其稳定性和安全性。首先，结构设计应考虑文物的重量和展示装置的负载，合理确定建筑结构的承载能力和稳定性要求。其次，应选择高强度、耐久性好的建筑材料，如钢结构、混凝土等，以抵抗自然灾害和外部冲击。同时，还应考虑建筑的地基设计，确保建筑能够稳固地立在地面上，不受地震、风灾等自然因素的影响。

（2）结构分析与计算

在建筑结构设计过程中，应进行详尽的结构分析和计算，确保建筑结构能够满足文物保护的需求。结构分析包括对建筑荷载、抗震性能、抗风性能等方面的分析，以确定结构的合理性和稳定性。通过计算，可以评估建筑结构的受力情况，确保其在各种外部荷载作用下不发生破坏，保护文物和人员的安全。

（3）结构检测与维护

建筑结构的监测与维护是确保其长期稳定性的重要环节。应定期对建筑结构进行检测和监测，及时发现并修复结构存在的问题，确保其安全稳定。监测内容包括建筑结构的裂缝、变形、位移等情况，通过科学的手段对结构进行评估，及时采取维护措施，延长建筑的使用寿命，保障文物的安全。

2.展柜和展示架设计

（1）展柜设计原则

展柜是展示文物的重要设施，其设计应考虑到文物的尺寸、重量和展示需求。首先，展柜应具备良好的密封性，能够有效阻隔外界空气、湿气和灰尘的侵入，保护文物不受污染和氧化。其次，展柜应具备良好的稳定性和安全性，能够承受文物的重量，并防止展示过程中的意外碰撞和损坏。

（2）展示架设计原则

展示架是支撑文物展示的重要设施，其设计应考虑文物的重量和展示方式。展示架应具备结构合理、材质坚固的特点，能够支撑文物的重量，并确保其安全展示。在设计过程中，应根据文物的特点和尺寸，合理确定展示架的高度、宽度和间距，以最大限度地展示文物的美感和历史价值。

3.环保材料应用

（1）选材原则

在建筑结构和展示装置的设计中，应优先选择环保材料，减少对环境和文物的污染和损害。首先，应选择无害的建筑材料，如无甲醛、无污染的木材、金属或玻璃等材料，避免使用含有挥发性有机化合物（VOCs）的人造板材料。其次，应选择具有良好耐候性和抗腐蚀性的材料，以确保建筑和展示装置的长期稳定性和安全性。

（2）环保材料的应用

在实际应用中，应充分考虑环保材料的性能和适用性，合理选择并应用于建筑结构和展示装置的设计中。例如，在建筑结构设计中，可以采用钢结构、混凝土等材料，具有良好的耐久性和稳定性；在展示装置设计中，可以采用环保木材、无污染的金属或玻璃等材料，保护文物不受材料污染和损害。

（3）环保材料的维护

选择环保材料后，还应注意对其进行定期维护和保养，延长其使用寿命，减少资源浪费和环境污染。定期清洁和保养建筑结构和展示装置，保持其外观清洁和材料性能，是保护文物和环境的重要手段。同时，应注意材料的再利用和回收利用，减少对自然资源的消耗，实现可持续发展的目标。

（三）储存空间规划

1. 储存空间划分

（1）文物种类与数量考量

在规划储存空间时，首先需要考虑文物的种类和数量。不同类型的文物可能对储存环境的要求不同，例如易受潮湿影响的纸质文物和耐潮性较强的陶瓷器皿可能需要不同的储存条件。根据文物的特性，可以将储存空间划分为不同的区域或房间，以满足不同文物的保护需求。

（2）储存环境设计

针对不同文物的保护需求，可以设置不同的储存环境。例如，对于易受潮湿影响的文物，可以设置湿度控制区域，采用空调或加湿机控制湿度，防止文物受潮发霉。对于易受光照影响的文物，可以设置遮光窗帘或使用柔和光源，减少光照对文物的损害。同时，还应考虑通风条件，确保储存空间有良好的通风，有利于文物的保护和管理。

2. 防护措施设置

（1）防潮防霉措施

针对易受潮湿影响的文物，应采取防潮防霉措施，确保其储存环境干燥清爽。可以使用密封储存容器或防潮柜，控制湿度并防止霉菌生长。此外，还可以在储存空间内设置湿度监测器，及时监测湿度变化，并采取相应的调节措施，保护文物不受潮湿影响。

（2）防碰撞防损措施

对于易碎文物，应设置防碰撞防损措施，避免文物在储存过程中受到碰撞和损坏。可以使用专用的支撑架或填充物，将文物固定在适当的位置，防止其倾倒或碰撞。此外，还可以在储存空间内设置警示标志，提醒人员注意文物的存在，避免不慎碰撞。

3. 环境监测系统

（1）实时监测环境参数

为了保障文物的储存安全，应建立完善的环境监测系统，实时监测储存空间的温度、湿度、光照等环境参数。通过监测系统，可以及时发现环境异常，预警并采取相应的调节措施，确保文物处于良好的储存环境中。

（2）数据记录与分析

监测系统应能够记录环境参数的变化，并保存历史数据以供分析。通过对数据的分析，可以了解储存空间的环境变化趋势，及时发现问题并采取措施解决。同时，还可以根据数据分析结果，优化储存空间的设计和管理，提高文物的保护水平。

（3）定期维护与调整

监测系统的定期维护和调整是保证其正常运行的重要环节。应定期对监测设备进行检测和维护，确保其准确性和可靠性。同时，还应根据监测结果对储存空间的环境进行调整，保持文物的良好状态。

（四）环境监测与管理系统

1. 安装监测设备

（1）温湿度传感器

温湿度传感器是文物储存和展示环境监测系统中的重要组成部分。通过安装温湿度传感器，可以实时监测储存空间的温度和湿度变化。这些传感器通常安装在关键位置，如展柜内部、储藏柜顶部等，以确保对环境变化的敏感性和准确性。

（2）光照度计

光照度计用于监测光照强度，帮助管理人员了解展示空间的光照情况。适当的光照可以提升文物的展示效果，但过强的光照可能导致文物褪色和老化。因此，通过安装光照度计，可以及时发现光照异常情况，并采取措施保护文物。

（3）空气质量监测仪

空气质量监测仪用于监测储存空间的空气质量，包括有害气体浓度、颗粒物浓度等。通过安装空气质量监测仪，可以及时发现空气污染问题，并采取措施净化空气，保护文物不受污染影响。

2. 数据记录与分析

（1）建立环境参数数据库

监测设备采集的数据应进行记录和存储，建立环境参数的数据库。这些数据包括温度、湿度、光照强度、空气质量等参数的变化趋势，以及异常情况的记录。通过建立数据库，可以对环境变化进行长期跟踪和分析。

（2）数据分析与问题发现

管理人员应定期对数据库中的数据进行分析，了解环境变化的趋势和规律。通过数据分析，可以及时发现环境异常情况，如温度湿度波动、光照异常等，并及时采取相应的调控措施，保障文物的安全。

3. 环境调控与维护

（1）及时调整环境控制设备

基于数据分析结果，管理人员应及时调整环境控制设备，确保环境参数在理想范围内。例如，根据温湿度数据调节空调系统的温度和湿度设定值，保持文物的储存环境稳定。

（2）定期维护监测设备

监测设备应定期进行维护和保养，确保其正常运行和准确性。管理人员应定期检查传感器和监测仪器的工作状态，及时更换损坏的部件，保证监测系统的可靠性和稳定性。

4. 应急预案与管理制度

（1）建立健全的应急预案

针对可能发生的突发情况和灾害事件，应建立健全的应急预案。这些预案应包括文物紧急转移和保护方案、灾害应急响应流程等，确保在突发情况下能够迅速有效地保护文物。

（2）培训应急处理人员

管理人员和工作人员应接受应急处理培训，了解应急预案和应急响应流程，掌握应对突发情况的技能和方法。培训内容包括灾害应急处理、文物保护技术、应急救援装备使用等。

（3）准备应急救援物资

应急预案中应包括准备应急救援物资的内容，如防护服、应急照明设备、急救箱等。这些物资的准备能够在灾害事件发生时提供必要的支持和保障，保护文物和人员的安全。

二、展示技术的创新与实践应用

（一）数字化展示技术

1. 虚拟现实（VR）技术

VR 技术能够通过虚拟场景和设备，如头戴式显示器，让观众仿佛置身于文物所在的场景之中。观众可以通过 360 度全景视角自由观看文物，并与文物进行互动，深入了解其历史和背景。这种技术不仅提升了观众的体验感，还能够突破空间和时间的限制，让观众足不出户就能欣赏到世界各地的珍贵文物。

2. 增强现实（AR）技术

AR 技术通过智能手机、平板电脑等设备，将虚拟的数字信息叠加到现实世界中，实现文物与现实场景的结合展示。观众可以通过设备观看文物，同时获取到与文物相关的多媒体信息、文字说明等，增强了观众的参与感和互动性，使展览更具吸引力和趣味性。

3. 数字模型技术

数字模型技术利用计算机图形学和三维建模技术，将文物数字化成三维模型，并通过投影、打印等方式展示给观众。这种技术不仅可以还原文物的外观和细节，还可以对文物进行虚拟修复和展示，让观众更清晰地了解文物的结构和特点，提升了展示的直观性和教育性。

（二）可移动展柜设计

1. 模块化设计

可移动展柜通常采用模块化设计，展柜的各个部件可以独立组装和调整，适应不同大小和形状的文物展示需求。这种设计可以灵活调整展览布局，满足不同展览场景的需求，提高了展览的多样性和灵活性。

2. 轨道式设计

一些可移动展柜采用轨道式设计，可以在展览空间内自由移动。展览人员可以根据需要调整展柜的位置和布局，实现空间的最大化利用和文物的最佳展示效果，为观众呈现出更具吸引力和观赏性的展览。

3. 智能化控制

部分可移动展柜配备智能化控制系统，可以通过远程控制或自动化程序调整展柜的位置、照明和温湿度等参数。这种设计不仅方便了展览人员的操作，还能够保护文物免受不良环境影响，确保展览的安全性和稳定性。

第六章 博物馆可移动文物的保护管理

博物馆可移动文物的保护管理是博物馆工作中的重要组成部分，涉及到管理体系构建、规章制度制定、人员培训等多个方面（见图6-1）。

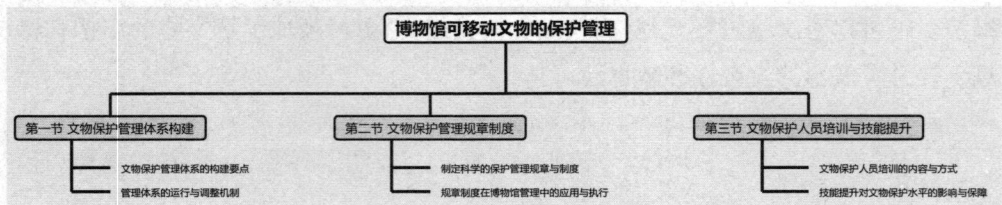

图6-1 博物馆可移动文物的保护管理架构图

第一节 文物保护管理体系构建

一、文物保护管理体系的构建要点

（一）制定保护目标和原则

1. 明确保护目标

在构建文物保护管理体系时，首先要明确保护的目标。这包括确定文物保护的优先领域和重点对象，例如历史遗迹、文化遗产、艺术品等。通过制定明确的保护目标，可以更好地指导和规划后续的文物保护工作。

2. 确立保护原则

在制定保护目标的基础上，需要明确保护的基本原则和价值取向。这包括尊重历史原貌、保护文物完整性、倡导可持续发展、强调公众参与等原则。通过制定保护原则，可以为文物保护工作提供基本的理论指导和价值取向。

3. 注重综合性和系统性

文物保护管理体系应该是一个综合性和系统性的体系。除了保护目标和原则外，还需要考虑到文物保护的各个方面和环节，包括文物的收藏、储存、展示、修复、研究、推广等。通过建立起综合保护机制，实现对文物保护工作的全方位管理和保护。

4. 注重科学性和可操作性

制定保护目标和原则时，需要注重科学性和可操作性。保护目标应该具有一定的科学性和可量化性，能够指导具体的保护实践；保护原则应该具有一定的可操作性和实施性，能够为文物保护工作提供具体的操作指南和方法。

5. 倡导公众参与和社会共治

文物保护是一项复杂的系统工程，需要社会各界的共同参与和努力。因此，在制定保护目标和原则时，应倡导公众参与和社会共治，鼓励各方面的力量积极参与到文物保护工作中来，共同推动文物保护事业的发展和进步。

（二）建立综合保护机制

1. 全过程管理体系

文物保护管理体系应该建立起文物保护的全过程管理体系，包括从文物的收藏、储存、展示到修复、研究、推广等各个环节。这样的管理体系能够实现对文物保护工作的全方位管理和保护，确保文物得到全面的保护和管理。

2. 跨部门协作与配合

在建立综合保护机制时，需要各相关部门和单位之间建立起有效的协作与配合机制。这包括文物保护机构、博物馆管理部门、相关科研机构、文物修复单位等各方的协作与配合，形成合力，共同推动文物保护工作的开展。

3. 信息共享与交流

综合保护机制应该建立起信息共享与交流的平台和机制，实现对文物保护信息的及时收集、传递和共享。通过建立文物保护的信息化管理系统，可以更好地掌握文物的动态和变化，及时采取相应的保护措施。

4. 风险评估与应急预案

在建立综合保护机制时，需要加强风险评估与应急预案的建设。通过对文物保护工作中可能出现的各种风险进行评估和分析，制定相应的应急预案和应对措施，提高文物保护工作的应急处置能力和水平。

5. 持续改进与优化

综合保护机制应该是一个持续改进和优化的过程。在实施过程中，需要不断总结经验和教训，及时调整和优化保护管理体系，提高文物保护工作的效率和水平。

（三）建立责任分工和协作机制

1. 明确职责和权限

在文物保护管理体系中，需要明确各个部门和人员的职责和权限。通过明确职责和权限，可以避免责任模糊和工作交叉，提高工作效率和管理水平。

2. 建立协作机制

各相关部门和单位之间应建立起有效的协作机制，形成合力，共同推动文物保护工作的开展。这包括建立定期的协调会议和沟通机制，加强信息共享和交流，及时解决工作中的问题和困难。

3. 强化监督和评估

在建立责任分工和协作机制时，需要强化监督和评估机制，对文物保护工作进行定期检查和评估。通过建立评估指标体系、开展督导检查等方式，及时发现问题，加强管理，保障文物保护工作的顺利进行。

3. 促进信息共享

在建立责任分工和协作机制时，应促进信息共享和交流。各相关部门和单位之间应建立起信息共享的平台和机制，实现对文物保护信息的及时收集、传递和共享，提高文物保护工作的效率和水平。

4. 建立应急响应机制

针对突发事件和紧急情况，需要建立起应急响应机制。各相关部门和单位应制定相应的应急预案和应对措施，做好文物保护工作的应急处置和应对工作，最大限度地减少损失和危害。

（四）建立信息化管理系统

1. 建立文物档案库

建立文物档案库是信息化管理系统的重要组成部分。通过建立文物档案库，可以系统地收集和整理文物的相关资料和信息，包括文物的来源、历史、特征、保存状态等信息，为文物保护工作提供基础数据支持。

2. 数字化文物资料

针对大量的文物资料和信息，可以采用数字化的方式进行管理和存储。通过数字化文物资料，可以实现对文物资料的电子化存储和管理，提高文物信息的利用效率和安全性。

3. 建立文物保护数据库

建立文物保护数据库是信息化管理系统的重要组成部分。通过建立文物保护数据库，可以实现对文物的全程监控和管理，包括文物的位置、状态、修复记录等信息，为文物保护工作提供实时监测和管理支持。

4. 信息共享平台

建立信息共享平台是促进文物保护工作协作和沟通的重要手段。通过建立信息共享平台，可以实现各相关部门和单位之间的信息共享和交流，加强合作与协作，提高文物保护工作的效率和水平。

5. 加强信息安全保障

在建立信息化管理系统时，需要加强信息安全保障工作。采取有效的安全措施和技术手段，确保文物信息的安全性和完整性，防止信息泄露和损坏。

（五）加强监督和评估机制

1. 建立评估指标体系

建立评估指标体系是加强监督和评估机制的重要环节。通过建立科学合理的评估指标体系，可以对文物保护工作进行定量评估和分析，及时发现问题，指导后续工作的开展。

2. 定期督导检查

定期督导检查是加强监督和评估机制的有效方式。相关部门和单位应定期组织对文物保护工作进行督导检查，检查工作中存在的问题和隐患，及时提出整改意见和建议，促进文物保护工作的规范和落实。

3. 建立考核评价体系

建立考核评价体系是加强监督和评估机制的重要举措。通过建立科学合理的考核评价体系，对文物保护工作进行全面、客观、公正的评价，激励相关部门和单位不断提高工作水平和效率。

4. 加强舆情监测

加强舆情监测是加强监督和评估机制的重要内容。通过加强舆情监测，及时了解社会各界对文物保护工作的关注和评价，及时回应社会关切，提高文物保护工作的透明度和公信力。

5. 建立奖惩机制

建立奖惩机制是加强监督和评估机制的有效手段。对于文物保护工作中的优秀表现和成绩突出者，应给予相应的奖励和表彰；对于工作不力、失职渎职者，应给予相应的处罚和问责，营造良好的工作氛围和管理环境。

二、管理体系的运行与调整机制

（一）定期评估与调整

1. 定期评估管理体系运行情况

管理体系的运行情况应定期进行评估。这包括对管理体系的各项指标进行定量和定性评估，评估管理体系是否达到预期的效果和目标，以及存在的问题和不足点。通过评估结果，可以发现管理体系的运行状况，为后续的调整和改进提供依据。

2. 及时发现问题并调整

定期评估管理体系的运行情况有助于及时发现问题并进行调整。一旦评估结果显示出管理体系存在的问题或不足，应采取及时有效的措施进行调整和改进，以确保管理体系的持续有效运行。这包括对管理策略、制度规定、工作流程等方面进行调整和优化。

3. 建立反馈机制

建立反馈机制是定期评估与调整的重要环节。相关部门和人员应该建立起畅通的沟通渠道和反馈机制，及时反馈管理体系运行中存在的问题和建议意见。通过及时的信息反馈，可以更准确地了解管理体系的实际情况，为后续的调整和改进提供参考。

（二）信息反馈与改进

1. 建立信息收集渠道

建立信息收集渠道是信息反馈与改进的重要手段。相关部门和人员应建立起有效的信息收集渠道，包括定期召开会议、开展调查问卷、设立意见箱等方式，收集各方面的意见和建议，为管理体系的改进提供依据。

2. 及时分析和处理信息

收集到的信息应及时进行分析和处理。相关部门和人员应对收集到的信息进行认真分析，找出问题的原因和解决方法，并及时采取措施进行处理。这包括对管理体系存在的问题进行归类和整理，制定相应的改进方案和措施。

3. 持续改进和完善

信息反馈与改进是一个持续不断的过程。相关部门和人员应密切关注收集到的信息，不断改进和完善管理体系。通过持续地改进和完善，可以不断提高管理体系的适应性和灵活性，确保文物保护管理工作的顺利开展。

（三）法律法规的更新与适应

1. 定期跟踪法律法规变化

相关部门和人员应定期跟踪国家和地方出台的法律法规变化。文物保护管理工作受法律法规的约束，必须及时了解并适应相关法律法规的变化，确保文物保护工作的合法合规性。

2. 及时调整管理体系

一旦出台新的法律法规或者修改现有法律法规，相关部门和人员应及时调整管理体系。这包括对管理体系中的相关制度、规定和流程进行调整和修订，确保管理体系与新的法律法规相适应。

3. 加强法律法规宣传教育

加强法律法规的宣传教育是适应法律法规变化的重要措施。相关部门和人员应加强对文物保护法律法规的宣传教育工作，提高相关工作人员的法律法规意识。

第二节 文物保护管理规章制度

一、制定科学的保护管理规章与制度

（一）规章制度的建立

在博物馆文物保护管理工作中，建立科学合理的规章制度是确保文物得到有效保护的关键之一。这些规章制度的制定应该充分考虑博物馆的具体情况和实际需求，涵盖文物的各个方面，如收藏、保管、修复、展示、利用等，以确保管理工作的顺利进行。

1. 需求分析

在制定规章制度之前，首先需要进行对博物馆文物保护管理工作的需求分析。这包括对文物种类、数量、特性以及管理现状的调查和分析，以确定规章制度制定的重点和方向。

2. 规章制度的内容

制定规章制度时，应明确规定文物的收藏标准、保管要求、修复程序、展示安排、利用管理等方面的内容。这些规章制度应该具体、可操作，为文物保护管理提供明确的指导和依据。

3. 程序规定

规章制度应包括各项管理工作的具体程序和步骤。例如，收藏文物的程序包括申报、评估、鉴定、入藏等；展示文物的程序包括策划、设计、布展、监测等。这些程序规定有助于规范管理流程，提高工作效率。

4. 责任分工

规章制度还应明确各个部门和人员在文物保护管理工作中的责任分工。这包括各部门的职责、权限和工作任务等，以确保各项工作有序进行，避免责任不清、工作重叠等问题。

5. 法律法规依据

规章制度制定过程中，应充分考虑相关法律法规的规定，确保规章制度的合法性和有效性。规章制度的内容和要求应符合国家和地方相关法律法规的规定，避免违法行为和纠纷的发生。

（二）规章制度的科学性

1. 专业性依据

规章制度的制定应基于文物保护领域的专业知识和经验，充分考虑文物的特性和保护需求。只有在专业性的基础上制定的规章制度才能确保管理工作的科学性和有效性。

2. 科学方法论

在制定规章制度时，应采用科学的方法论，如实证研究、比较研究等，结合实际情况和实践经验，制定符合文物保护管理要求的规章制度。同时，应及时吸纳和应用新的理论和技术成果，不断完善和更新规章制度。

3. 风险评估

在制定规章制度时，应进行全面的风险评估，充分考虑可能出现的各种风险和挑战，制定相应的应对措施。这有助于规章制度的科学性和针对性，提高管理工作的应对能力和抗风险能力。

3. 可持续性考虑

规章制度的制定应考虑到长期的可持续性。即使在面临外部环境变化和内部管理需求变化的情况下，规章制度也应具有一定的适应性和灵活性，能够持续有效地运行和发挥作用。

（三）规章制度的细化与完善

1. 细化具体内容

规章制度应具体细化各项管理工作的具体内容和要求，确保每个环节都能够得到科学、合理地规范和指导。例如，针对不同类型和特性的文物，可以制定相应的收藏、保管、修复、展示等方面的具体规章制度，以确保文物的全面保护和管理。

2. 标准化操作流程

规章制度应制定标准化的操作流程，明确各项管理工作的步骤和操作规范。这有助于规范管理流程，提高管理工作的效率和质量，降低管理风险。

3. 适应性调整

规章制度的制定应具有一定的适应性和灵活性，能够根据实际情况和管理需求进行调整和完善。随着文物保护管理工作的不断发展和变化，规章制度应及时进行调整和更新，以适应新的需求和挑战。

4. 信息化支持

规章制度的细化和完善可以借助信息化技术来支持和实现。通过建立文物管理信息系统，实现规章制度的在线化、数字化管理，提高管理工作的效率和便捷性。

（四）规章制度的公开与宣传

1. 公开透明原则

制定的规章制度应该遵循公开透明的原则，向社会公开并公布相关内容。这有助于增强规章制度的合法性和权威性，促进文物保护管理工作的公正、公平和公开。

2. 宣传教育

通过各种渠道和方式，向社会公众宣传和普及规章制度的内容和意义，增强公众对文物保护管理工作的理解和支持。可以通过举办专题讲座、发布宣传资料、开展文物保护宣传周等活动，提高社会各界对文物保护工作的关注度和参与度。

3. 反馈机制

建立规章制度的反馈机制，接受社会各界对规章制度的意见和建议，并及时进行调整和改进。这有助于规章制度的不断完善和提升，保证文物保护管理工作的科学性和有效性。

4. 法治教育

通过宣传规章制度的内容和执行情况，加强对法律法规的宣传教育，提高公众对文物保护法律法规的认识和遵守意识。这有助于促进社会各界自觉遵守相关法律法规，保护文物的合法权益和社会价值。

二、规章制度在博物馆管理中的应用与执行

（一）规章制度的贯彻执行

1. 建立明确的责任体系

在博物馆内部，需要建立起明确的责任体系，明确各部门和人员在规章制度执行中的职责和权限。通过明确责任分工，使每个人都清楚自己在文物保护管理中的角色和任务，增强责任意识和执行力。

2. 建立考核评价机制

博物馆可以建立考核评价机制，将规章制度的执行情况纳入考核范围，作为绩效评价的重要指标之一。通过考核评价的手段，激励工作人员认真履行职责，保证规章制度的有效执行。

3. 加强宣传和培训

博物馆可以通过内部培训和宣传教育活动，提高工作人员对规章制度的认识和理解，增强执行的自觉性和主动性。培训内容可以包括规章制度的内容解读、执行要求、典型案例等，使工作人员能够全面了解规章制度的重要性和实施方法。

4. 建立监督制度

博物馆可以建立监督制度，设立专门的监督机构或岗位，负责监督规章制度的执行情况。监督机构可以定期对各部门和人员的执行情况进行检查和评估，发现问题及时进行纠正和整改，确保规章制度的落实和执行效果。

（二）规章制度的监督检查

1. 定期检查和评估

博物馆可以定期组织规章制度的检查和评估工作，对规章制度的执行情况进行全面、系统地检查和评估。检查内容可以包括规章制度的执行情况、存在的问题和建议改进等，以便及时发现问题，采取有效措施加以解决。

2. 组织专项检查

除了定期检查外，博物馆还可以组织专项检查，重点关注规章制度中的重点和难点问题，对存在的突出问题进行深入排查和分析，制定相应的整改方案和措施，加强管理工作的针对性和有效性。

3. 开展督导考核

博物馆可以通过开展督导考核活动，对各部门和人员的规章制度执行情况进行全面、系统地考核和评价。督导考核可以采取实地考察、访谈调查、资料核查等方式，全面了解执行情况，为规章制度的完善和改进提供参考依据。

（三）规章制度的修订与完善

1. 定期总结经验

博物馆可以定期总结规章制度的执行经验和问题，分析规章制度实施的效果和不足之处，为规章制度的修订提供参考依据。通过经验总结，可以发现问题、总结经验，为规章制度的修订提供参考。

2. 听取意见建议

博物馆可以通过各种方式，如开展座谈会、征求意见建议表等，广泛征集各方面的意见和建议，了解社会各界对规章制度的看法和建议，为规章制度的修订提供参考。通过听取意见建议，可以及时了解社会各界的需求和期望，为规章制度的修订提供参考。

3. 加强内部沟通

博物馆内部各部门之间要加强沟通和协调，建立起畅通的信息渠道和工作机制，及时传达规章制度修订的意图和要求，形成共识，提高规章制度修订的针对性和有效性。

4. 依法依规修订

博物馆在规章制度修订过程中，要严格依照相关法律法规的要求，确保修订内容合法合规，符合国家和地方相关法律法规的规定，避免出现违法违规的情况。

第三节　文物保护人员培训与技能提升

一、文物保护人员培训的内容与方式

（一）基础知识培训

1. 文物保护理论

（1）文物保护的基本理论

①文物的价值：文物保护人员需了解文物的历史、艺术、科学价值，深入理解文物对于文化传承和历史记忆的重要性。通过学习文物的价值，能够增强文物保护的责任感和使命感。

②损坏原因：培训内容应包括文物受损的各种原因，如自然环境、人为破坏、生物侵蚀等，使文物保护人员能够全面认识文物受损的复杂原因，为文物保护工作提供理论支持。

③保护原则和方法：文物保护理论涉及一系列保护原则和方法，如最小干预原则、综合保护原则等。通过学习这些原则和方法，文物保护人员能够在实践中制定科学合理的保护方案，保护文物的完整性和原始性。

（2）文物保护的理论框架

①国内外文物保护的发展历程：文物保护理论的学习应该贯穿国内外文物保护的发展历程，包括传统文物保护理念的演变、现代文物保护理论的形成等，使文物保护人员能够全面了解文物保护领域的发展动态。

②文物保护伦理：文物保护伦理是文物保护工作的重要指导原则，培训内容应包括文物保护的伦理道德要求、保护与利用的平衡等，使文物保护人员具备正确的保护理念和职业道德。

③文物保护政策法规：学习文物保护的相关政策法规，了解国家对文物保护的重视程度和政策支持，为文物保护工作提供法律依据和指导。

2. 文物分类与鉴定

（1）文物分类系统

①材料分类：培训内容应包括文物按材料分类的系统，如陶瓷、玻璃、金

属、纸质等，使文物保护人员能够对不同材料的文物进行认识和分类。

②时代分类：文物按时代分类是了解文物历史背景和文化特征的重要途径，培训内容应包括文物按时代分类的原理和方法，使文物保护人员能够准确判断文物的时代特征。

（2）文物鉴定技术

①鉴定方法：培训内容应包括文物鉴定的基本方法和技术，如目视鉴定、文物检测仪器鉴定等，使文物保护人员能够掌握正确的鉴定技术。

②鉴定标准：学习文物鉴定的相关标准和规范，了解文物鉴定的原则和要求，使文物保护人员能够按照标准进行科学鉴定。

（3）文物鉴定的法律规定

学习文物鉴定相关的法律法规，包括《中华人民共和国文物保护法》等，了解文物鉴定的法律依据和规定，培训内容应涵盖文物鉴定的法律义务和责任，使文物保护人员在文物鉴定工作中遵守法律法规，确保鉴定结果的准确性和合法性。

3. 文物修复与保管

（1）文物修复的基本原理与方法

①修复原则

学习文物修复的基本原则，包括最小干预原则、可逆性原则等，使文物保护人员能够在修复过程中尽量保留文物的原始性和完整性。

②修复技术

培训内容应包括各种文物修复技术，如填补、补缺、复原等，使文物保护人员能够掌握多种修复技术，应对不同类型的文物损伤。

（2）文物保管的基本原理与技术

①保管环境要求

学习文物保管的基本原理，了解文物保管环境对文物的影响，包括温湿度、光照、通风等因素，为文物的长期保存提供适宜的环境条件。

②文物保管安全措施

培训内容应包括文物保管的安全措施，如防盗、防火、防水等，使文物保护人员能够确保文物在保管过程中的安全性和稳定性。

4. 综合实践与评估

（1）综合实践活动

组织文物保护实践活动，让文物保护人员亲自参与文物保护工作，锻炼实践能力，提高文物保护的实际操作水平。

（2）成绩评估与反馈

定期对文物保护人员进行成绩评估，反馈培训效果，发现问题并及时纠正，持续提升文物保护人员的专业水平和能力。

（二）实践技能培训

1. 文物修复技术

（1）文物表面清洁技术

①清洁方法：培训内容应包括不同类型文物表面清洁的方法，如干刷、湿拭、溶剂清洗等，根据文物材质和污物特性选择合适的清洁方法。

②清洁工具：学习文物表面清洁所需的工具，如软毛刷、吸尘器、棉签等，掌握各种清洁工具的使用方法和注意事项。

（2）文物填补技术

①填补材料：培训内容应包括不同类型文物填补所需材料的选择与使用，如填缝胶、填补料等，了解各种材料的特性和适用范围。

②填补操作：学习文物填补的基本操作技术，包括填补前的处理、填补材料的调配和填补过程中的操作要点，掌握填补技术的规范和标准。

（3）文物复原技术

①复原原理：培训内容应涉及文物复原的基本原理，包括碎片拼合、缺失补充等复原方法的原理和要点。

②复原操作：学习文物复原的具体操作步骤，包括拼接、黏合、抛光等操作技术，通过实践训练提高复原操作的熟练程度。

（4）文物固定技术

①固定方法：培训内容应包括文物固定的常用方法，如支架固定、填充固定等，根据文物的特点和状态选择合适的固定方法。

②固定材料：学习文物固定所需的材料，如支架材料、填充材料等，了解各种材料的特性和适用范围，掌握固定材料的选择和使用方法。

2. 文物保管与展示技术

（1）文物包装技术

①包装材料：学习文物包装所需的材料，如包装纸、防震材料等，了解各种材料的特性和适用范围，选择合适的包装材料。

②包装方法：培训内容应包括文物包装的基本方法和步骤，包括包装前的准备、包装过程中的注意事项等，确保文物包装的安全可靠。有包装物保护的文物，可减少挪动，搬运中，由于过失，不填等原因造成的震动，摩擦，碰撞等机械性的损伤。对大数器物型文物来说，一般的内包装大多采用硬纸板制作外壳。内絮经消毒处理的棉花做囊的囊甲，并根据文物情况与种类选择软囊与硬囊。也有的用较好的木制板作外壳，里面根据收藏品的形状。制作出各种各样的，对文物能起到固定与保护作用的内囊（见图 6-2/6-3）。

图 6-2　文物包装例图（一）

图 6-3　文物包装例图（二）

（2）文物搬运技术

①搬运设备：学习文物搬运所需的设备，如搬运车、吊装设备等，了解设备的使用方法和操作规范，确保文物搬运的安全性。

②搬运技巧：培训内容应包括文物搬运的基本技巧，如抬举、转运等操作技巧，通过实地操练提高搬运技术的熟练程度。

（3）文物储存与展示技术

①储存环境要求：培训内容应涉及文物储存环境的要求，如温湿度控制、光照条件等，了解文物储存环境对文物的影响，确保文物的长期保存。

②展示陈列方法：学习文物展示陈列的基本方法和技巧，包括布局设计、灯光设置、展柜选择等方面的知识，使文物保护人员能够根据展示需求合理布置文物展览，突出文物的特色和历史意义。

3. 文物调查与记录技术

（1）文物调查方法

①调查程序：培训内容应包括文物调查的基本程序和要点，包括调查前的准备工作、调查过程中的注意事项等，确保文物调查的系统性和全面性。

②调查技巧：学习文物调查的实际操作技巧，包括文物测量、拍照摄影、文献资料搜集等技术方法，提高文物调查的准确性和科学性。

（2）文物记录技术

①记录内容：培训内容应包括文物记录的内容和要求，包括文物的基本信息、外观特征、保存状况等，确保文物记录的全面性和准确性。

②记录方式：学习文物记录的常用方式和工具，包括文字记录、图片记录、数字化记录等，掌握不同记录方式的操作技巧，提高文物记录的效率和质量。

（3）实践操作与案例分析

通过实地调查和文物记录实践活动，让文物保护人员亲身参与文物调查和记录工作，加深对文物保护实践的理解和掌握。同时，结合案例分析，讲解实际调查记录过程中的问题和应对方法，提高文物保护人员的实践能力和应变能力。

4. 综合评估与反馈

（1）综合评估

定期对文物保护人员的实践技能进行综合评估，包括文物修复、保管与展示、调查与记录等方面的实际操作能力，发现存在的问题和不足。

（2）提供反馈

根据评估结果，及时提供个性化的反馈和指导意见，指导文物保护人员针对性地开展进一步的技能提升和训练，不断提高其实践能力和专业水平。

（三）安全意识培训

1. 文物安全防护知识

（1）文物保护环境要求

①温湿度控制：学习文物保护环境中温湿度的重要性，了解不同类型文物对温湿度的敏感程度，掌握控制温湿度的基本方法和技术。

②光照管理：培训内容应包括文物保护中光照对文物的影响，学习光照管理的原理和方法，包括合理设置光源、使用光过滤器等，保护文物免受光照损害。

（2）文物安全防护设施

①安全设施设置：学习文物安全防护设施的设置原则和要求，包括安全门、监控摄像头、报警系统等设施的选择和布置，保障文物安全。

②监控与警戒：培训内容应涵盖文物安全监控和警戒的技术方法，学习监控设备的使用和维护，掌握监控系统的操作要点，提高对文物安全的监控能力。

（3）文物安全防护措施

①防火防盗措施：学习文物保护中的防火防盗措施，了解火灾和盗窃对文物的危害，掌握防火防盗设备的使用方法和应急处置程序，提高应对突发情况的能力。

②紧急撤离预案：培训内容应包括文物保护场所的紧急撤离预案，学习紧急撤离的程序和路线，掌握安全逃生技巧，确保文物保护人员在紧急情况下能够迅速、有序地撤离。

2. 应急救援技能

（1）应急救援程序与流程

①应急预警：培训内容应涉及应急预警的重要性和程序，学习如何识别突发事件的预警信号，掌握启动应急预警系统的方法和时机。

②救援流程：学习应急救援的基本流程，包括报警、调度、救援和清理等环节，了解各个环节的责任和任务分工，确保救援工作的有序进行。

（2）应急救援设备的使用方法

①灭火器材：培训内容应包括灭火器材的种类和使用方法，学习不同类型火灾的灭火器选择和操作技巧，掌握灭火器的使用要点。

②急救装备：学习基本急救装备的使用方法，包括急救箱、急救药品等的选购和使用技巧，提高应对突发伤患的急救能力。

（3）应急救援队伍的组建与配合

①队伍组建：培训内容应涵盖应急救援队伍的组建原则和要求，包括队伍组织结构、人员配备、岗位职责等，确保救援队伍的有效运作。

②队伍配合：学习应急救援队伍之间的配合与协作，了解各部门之间的沟通协调机制，提高应急救援工作的整体效率和水平。

3. 危险品管理

（1）危险品的识别与分类

①危险品种类：培训内容应包括常见的危险品种类，如化学品、易燃品、毒品等，学习识别不同类型危险品的方法和特征。

②危险品分类标准：学习危险品的分类标准和标识，了解危险品的危害程度和管理要求，掌握危险品分类代码及其含义，以便正确识别和处理危险品。

（2）危险品的储存与运输

①储存要求：培训内容应涵盖危险品的储存要求，包括储存环境的条件、储存设备的选择和使用等，确保危险品储存安全可靠。

②运输管理：学习危险品运输的管理规定和程序，了解危险品运输的安全要求和操作规范，确保危险品在运输过程中不发生泄漏和事故。

（3）危险品事故的应急处理

①事故应急预案：培训内容应包括危险品事故应急预案的制定和实施，学习事故应急预案的组织架构、应急程序和应急措施，提高应对危险品事故的应急处置能力。

②事故应对技能：学习危险品事故应对的基本技能，包括应急处置、现场救援、事故报告等技能，通过实地演练和模拟训练，提高应对危险品事故的应急反应能力。

（四）跨学科培训

1. 文化遗产保护

（1）文化遗产保护基本理论

①文化遗产的概念：学习文化遗产的定义和内涵，了解文化遗产的多样性和价值，培养对文化遗产的保护意识和责任感。

②文化遗产保护原则：掌握文化遗产保护的基本原则，包括最小干预原则、综合保护原则、可持续发展原则等，引导文物保护人员科学、合理地开展文化遗产保护工作。

（2）文化遗产保护实践技能

①保护方法与技术：学习文化遗产保护的具体方法和技术，包括文物修复、保护环境控制、灾害应急处理等，提高文物保护人员的实践能力和技术水平。

②文物保护案例分析：通过分析文物保护的成功案例和失败案例，总结经验教训，深入探讨文化遗产保护的现实问题和挑战，促进保护工作的不断改进和提升。

2. 博物馆管理

（1）博物馆管理基本原理

①组织架构：学习博物馆的组织结构和职能分工，了解各部门的职责和联系，为博物馆管理提供组织保障。

②管理制度：掌握博物馆的管理制度和规章制度，包括工作流程、管理程序、内部管理规定等，提高文物保护人员的管理能力和规范意识。

（2）博物馆展览与服务

①展览策划：学习博物馆展览策划的基本原则和方法，包括展览主题确定、展览布局设计、展品选取等，提高文物保护人员的展览策划能力。

②观众服务：培训内容应涵盖博物馆观众服务的要求和技巧，包括导览解说、参观引导、文物讲解等，增强文物保护人员的服务意识和沟通能力。

3. 艺术史与考古学

（1）艺术史基本知识

①艺术流派与风格：学习不同艺术流派和风格的特点和代表作品，了解艺术发展的历史脉络和演变规律，为文物的艺术价值评估提供理论支持。

②文物历史背景：培训内容应包括文物的历史背景和文化内涵，探讨文物与社会历史、文化传统的关系，深化对文物的认识和理解。

（2）考古学基本原理

①考古发掘方法：学习考古学的基本原理和发掘方法，了解考古学的研究对象和技术手段，为文物的考古发掘和研究提供理论支持。

②文物分类与鉴定：深入了解文物的分类方法和鉴定标准，掌握文物鉴定的基本技巧和程序，提高文物保护人员对文物的鉴别能力和专业水平。

二、技能提升对文物保护水平的影响与保障

（一）提升保护水平

文物保护人员经过技能提升后，对文物保护水平的提升具有显著影响。他们通过系统地培训和实践操作，掌握了更为专业的文物保护知识和技能，因此能够更准确地评估文物的损伤情况，并采取相应的修复和保护措施。以下是技能提升对文物保护水平的具体影响：

1. 专业技能提升

技能提升使文物保护人员能够掌握更加先进的文物修复技术和方法，包括文物材料科学、化学分析、文物修复工艺等方面的知识。这些技能的提升使得他们能够更好地修复受损文物，保护文物的原始特征和历史真实性。

2. 精准评估文物损伤

经过培训后，文物保护人员能够更加准确地评估文物的损伤程度和原因。他们通过深入地学习和实践，能够辨别不同类型的文物损伤，并了解损伤对文物的影响，从而制定更加有效地修复和保护方案。

3. 提高修复质量

技能提升有助于提高文物修复的质量和效果。文物保护人员通过掌握先进的修复技术和方法，能够更加细致地进行文物修复工作，保持修复后文物的完整性和稳定性，提高文物的保存年限和观赏价值。

4. 保护工作的科学性

技能提升使得文物保护工作更加科学化和规范化。文物保护人员在培训中学习到的科学理论和技术方法，使得他们的保护工作更加符合文物保护的原则和要求，保障文物的安全和完整性。

（二）保障文物安全

技能提升对保障文物安全具有重要意义。通过技能提升，文物保护人员不仅能够提高文物的保护水平，还能够有效应对各种安全风险和突发事件，最大限度地保障文物的安全和完整性。

1. 专业技能提升

（1）文物修复技术的提升

文物保护人员经过技能提升后，能够掌握更为专业的文物修复技术和方法。他们通过系统培训和实践操作，深入学习文物材料科学、化学分析等知识，掌握

先进的文物修复工艺。这使得他们能够更准确地评估文物的损伤情况，并采取相应的修复措施，从而有效地保护文物的原始特征和历史真实性。

（2）文物保护材料的应用

随着专业技能的提升，文物保护人员对文物保护材料的应用也更加熟练和灵活。他们能够根据文物的材质和损伤情况选择合适的修复材料，并掌握各种材料的使用方法和技术要点。这使得修复过程更加精准，修复效果更加可靠。

（3）技术工艺的精进

经过专业技能提升，文物保护人员的技术工艺得到了精进。他们在文物修复过程中能够更加细致地进行操作，如填补、复原、固定等，保证修复后文物的完整性和稳定性。通过不断地实践和学习，他们能够应对各种复杂情况，提高修复质量和效果。

2. 精准评估文物损伤

（1）损伤程度的准确评估

技能提升使得文物保护人员能够更加准确地评估文物的损伤程度和原因。他们通过深入学习和实践，对不同类型文物的损伤有了更深入的了解，能够辨别不同类型的文物损伤，并分析损伤对文物的影响。这使得他们能够制定更加有效地修复和保护方案，提高文物保护水平。

（2）损伤原因的深入分析

专业技能提升使得文物保护人员能够深入分析文物损伤的原因。他们通过系统地培训和实践操作，能够识别并理解各种可能导致文物损伤的因素，如自然环境、人为破坏等。这使得他们在文物保护工作中能够更好地预防和应对各种损伤情况，保护文物的安全和完整性。

3. 提高修复质量

（1）修复工作的精细化

经过技能提升，文物保护人员能够提高修复工作的精细化水平。他们在修复过程中能够更加细致地处理文物的损伤部位，采取精准的修复技术，确保修复后文物的外观和结构完整。

（2）修复效果的可靠性

专业技能提升使得文物保护人员修复的效果更加可靠。他们能够根据文物的材质和损伤情况选择合适的修复材料和技术，保证修复后文物的稳定性和持久性。修复后的文物能够更好地保持原有的特征和历史真实性，提高文物的保存年限和观赏价值。

4.保护工作的科学性

（1）遵循保护原则

专业技能提升使得文物保护工作更加科学化和规范化。文物保护人员通过系统地培训和实践操作，深入了解文物保护的原则和要求，如最小干预原则、可逆性原则等。他们在实际操作中能够遵循这些原则，保障文物修复和保护工作的科学性和有效性。

（2）应对复杂情况的能力

经过专业技能提升，文物保护人员能够更好地应对复杂情况。他们通过系统的培训和实践操作，掌握了应对各种突发情况的应对方法和技巧，如文物损伤较为严重、修复过程中遇到困难等。这使得他们能够在复杂情况下保持应对的沉着和果断，确保文物保护工作的顺利进行。

（3）制定有效保护策略

技能提升使得文物保护人员能够制定更为科学和有效的保护策略。他们通过深入学习和实践，能够全面评估文物的现状和环境条件，分析文物可能面临的风险和威胁，并提出相应的保护措施和预防措施，从而有效地保护文物的安全和完整性。

（三）提升行业形象

技能提升对提升行业形象具有积极影响。通过不断提升专业水平和技能素养，文物保护人员能够更好地履行职责和使命，树立良好的行业形象和声誉。以下是技能提升对行业形象的具体影响：

1.专业素养的提高

（1）知识储备的增强

通过技能提升，文物保护人员的知识储备得到了显著增强。他们通过系统的培训和实践操作，深入学习了文物保护领域的专业知识，包括文物材料科学、修复技术、保管与展示原理等。这使得他们具备了更深层次、更广泛的专业知识，能够更好地应对文物保护工作中的各种挑战。

（2）技能水平的提升

技能提升促进了文物保护人员技能水平的提升。他们通过实践操作和专业培训，掌握了先进的文物修复技术和方法，能够熟练运用各种修复工具和材料进行文物修复工作。同时，他们也具备了良好的组织协调能力和团队合作精神，能够有效地组织和管理文物保护项目。

（3）专业精神的培养

技能提升培养了文物保护人员的专业精神和职业素养。他们通过学习和实践，逐渐形成了勤奋、细致、严谨的工作态度，能够以科学的方法和严格的标准对待文物保护工作，确保每一个细节都得到了妥善处理。这种专业精神不仅提升了个人的职业素养，也为整个行业树立了良好的榜样。

2. 规范化管理的推进

（1）制度建设的完善

技能提升推动了文物保护行业规范化管理的不断完善。文物保护人员通过专业培训，深入了解国家相关法律法规和政策文件，形成了规范化的工作标准和操作流程。他们能够按照规定程序开展文物保护工作，保障了工作的合法性和有效性。

（2）服务质量的提升

专业技能提升有助于提升文物保护行业的服务质量。文物保护人员通过技能培训，增强了服务意识和服务水平，能够更好地满足文物保护需求，保障文物安全和完整性。他们注重细节，注重服务体验，为文物保护工作增添了专业和品质。

（3）安全保障的加强

技能提升推动了文物保护行业安全保障工作的加强。文物保护人员通过培训学习了安全生产知识和应急处置技能，能够有效应对各种突发情况和安全隐患，确保文物保护工作的安全可控。这有助于提升行业形象，增强社会对文物保护行业的信任度和认可度。

第七章　可移动文物的应急保护与应对措施

在面对突发灾害和危机时，为了确保可移动文物的安全，必须制定和实施一系列应急保护与应对措施（见图 7-1）。

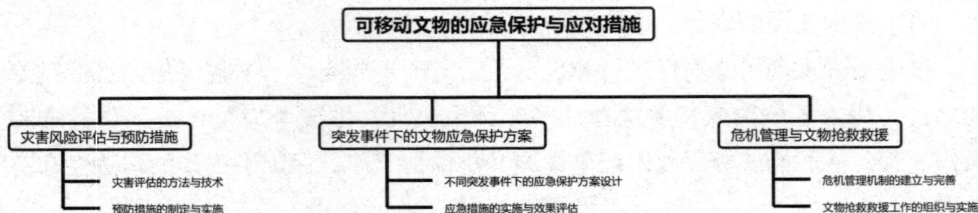

图 7-1　可移动文物的应急保护与应对措施架构图

第一节　灾害风险评估与预防措施

一、灾害评估的方法与技术

（一）历史资料分析

1. 资料搜集

（1）文献调查

文献调查是收集历史灾害事件资料的重要手段之一。通过查阅历史文献、研究报告、学术论文等资料，可以获取到丰富的历史资料，包括灾害事件的描述、影响、救援过程等信息。这些文献资料往往由专业学者或研究机构编写，具有较高的可信度和权威性。

（2）档案查询

档案查询是获取历史资料的重要途径之一。通过查询政府机构、地方档案馆等机构的档案资料，可以获取到各种历史灾害事件的详细记录，包括官方文件、调查报告、灾后整理资料等。这些档案资料通常具有较高的权威性和可信度，可以为历史资料的收集提供重要支持。

2.资料整理与分析

（1）灾害类型分析

通过对收集到的历史资料进行整理和分析，可以了解各种灾害事件的类型和特点。包括地震、火灾、水灾、战争等不同类型的灾害事件，以及它们在历史上的发生情况和影响范围。

（2）频率和发生时间分析

对历史资料进行统计和分析，可以了解不同类型灾害事件的频率和发生时间规律。通过分析历史资料中各种灾害事件的发生次数和时间分布，可以揭示出灾害事件的季节性、周期性等规律性特征。

（3）影响范围和损失情况分析

对历史资料中灾害事件的影响范围和损失情况进行分析，可以了解灾害事件对人类社会和自然环境造成的影响和破坏程度。包括人员伤亡、财产损失、生态环境破坏等方面的情况分析，为灾害评估提供重要参考依据。

3.总结经验教训

（1）发生原因分析

通过对历史资料的分析，可以总结出不同类型灾害事件的发生原因。包括自然因素、人为因素等各种影响灾害事件发生的因素，为未来灾害预防和应对提供参考依据。

（2）应对措施总结

结合历史资料分析，可以总结出不同类型灾害事件的应对措施和救援方法。包括灾害预警、应急响应、救援救灾等各种措施，为未来灾害管理和应对提供借鉴和参考。

（3）不足和教训总结

通过分析历史资料中灾害事件的救援过程和管理措施，可以总结出存在的不足和教训。包括救援救灾工作中的漏洞、失误和不足之处，为今后的灾害管理和应对工作提供经验教训。

4.建立数据库

（1）数据整合

将整理好的历史灾害事件资料进行整合，建立起完整的历史灾害数据库。包括灾害事件的类型、发生时间、影响范围、损失情况等详细信息，以及相关的文献资料和档案资料。

（2）数据管理

建立数据库管理系统，对历史灾害数据进行管理和维护。包括数据的录入、存储、更新、查询等功能，确保数据库的及时更新和完整性。

（3）数据应用

利用建立好的历史灾害数据库，开展相关的灾害评估、风险管理等工作。通过对历史数据的分析和挖掘，可以为未来的灾害预防和应对提供可靠的数据支持和科学依据。

（二）灾害模拟和预测

1. 地质勘探

（1）地质构造调查

地质构造调查是利用地质勘探技术对地表及地下构造进行详细调查和分析的过程。通过地质构造调查，可以了解地质构造的分布、特征和演化规律，从而为地质灾害的预测提供基础数据和依据。例如，对断裂带、褶皱带等地质构造进行调查，可以预测地震可能发生的区域和概率。

（2）地质灾害隐患分析

地质灾害隐患分析是利用地质勘探技术对潜在地质灾害隐患进行识别和评估的过程。通过对地形、地貌、岩层、地下水等因素的分析，可以识别出可能发生地质灾害的潜在隐患区域，如滑坡、泥石流等。基于地质灾害隐患分析结果，可以采取相应的预防和治理措施，降低地质灾害的发生风险。

2. 气象预测

（1）气象学原理应用

气象预测是利用气象学原理对未来一段时间内可能发生的天气现象进行预测的过程。通过分析大气环流、气压系统、湿度、温度等气象因素的变化规律，可以预测未来的天气情况，包括降水、风力、气温等方面的变化。

（2）气象监测数据利用

气象监测数据是获取气象信息的重要来源之一。利用气象监测数据，可以实时监测大气环境的变化，包括气温、湿度、风向风速等指标。基于气象监测数据，可以对未来的气象情况进行预测和推测，为灾害预防和应对提供重要参考依据。

3.水文监测

（1）水文变化规律研究

水文监测是对河流、湖泊、水库等水域进行水文数据的收集和监测。通过对水文数据的分析，可以了解水位、流量、水质等水文要素的变化规律，预测未来水文情况，如洪涝、水灾等水文灾害。

（2）洪水预警系统建设

基于水文监测数据和水文变化规律的研究，可以建立洪水预警系统。洪水预警系统通过实时监测水位、流量等水文数据，结合气象数据和地形地貌等信息，对可能发生的洪水进行预警和预测，及时采取防范措施，减少洪灾损失。

4.综合模拟预测

（1）多因素综合分析

综合模拟预测是将地质、气象、水文等多种灾害因素进行综合分析和模拟预测的过程。通过整合不同因素的影响，可以预测可能发生的复合性灾害，如地震引发的次生灾害、台风引发的风雨洪涝等。

（2）预测模型建立

基于多因素综合分析的结果，可以建立相应的预测模型。预测模型可以通过数学模型、计算机仿真等手段，对灾害事件的发生概率、影响范围等进行预测，为灾害防治和应对提供科学依据。

（3）预警系统优化

综合模拟预测结果可以优化灾害预警系统。通过将模拟预测结果与实时监测数据结合，不断优化预警系统的预警模型和预警指标，提高预警系统的准确性和及时性，最大限度地减少灾害损失。

（三）现场调查与勘察

1.地理环境调查

（1）地形地貌调查

地形地貌调查是对文物存放地点周边地理环境的形态和特征进行详细了解的过程。通过对地形起伏、地势坡度、地表覆盖等因素的观察和测量，可以评估地理环境对文物保护的影响。例如，山地地形可能存在滑坡、崩塌等地质灾害隐患，平原地区可能存在水灾等水文灾害隐患。

（2）水系分布调查

水系分布调查是对文物存放地点周边水域情况进行调查和评估的过程。通过对河流、湖泊、水库等水系的分布、流向、水位变化等因素进行观测和记录，可以评估水系对文物保护的影响。例如，沿岸地区可能存在洪水、涝灾等水文灾害风险。

（3）地质构造调查

地质构造调查是对文物存放地点地质构造特征进行详细调查和分析的过程。通过对地质构造的岩性、断裂带、褶皱带等地质特征进行观察和研究，可以评估地质构造对文物保护的影响。例如，地震多发地区可能存在地震灾害风险，需要采取相应的防护措施。

2. 建筑结构检查

（1）承载能力评估

对文物存放建筑的承载能力进行评估是确保文物安全的重要步骤之一。通过对建筑结构的构造、材料、荷载情况等进行检查和分析，可以评估建筑的承载能力，判断建筑是否能够承受文物的重量和压力。

（2）抗震能力检查

抗震能力检查是对文物存放建筑的抗震性能进行评估的过程。通过对建筑结构的抗震设计、抗震构造、抗震加固等方面进行检查和评估，可以判断建筑在地震发生时的抗震能力，采取相应的防护措施。

（3）防火性能评估

防火性能评估是对文物存放建筑的防火设计和防火设施进行检查和评估的过程。通过对建筑材料、防火隔离、消防设施等方面进行检查和测试，可以评估建筑在火灾发生时的防火能力，确保文物得到有效地防护。

3. 设施设备检查

（1）消防设施检查

消防设施检查是对文物存放场所的消防设备和消防设施进行检查和评估的过程。包括消防水源、消防器材、火灾报警系统、自动喷水灭火系统等消防设施的完好性和可靠性检查。

（2）安防设备检查

安防设备检查是对文物存放场所的安防设备进行检查和评估的过程。包括监控摄像头、入侵报警系统、门禁系统等安防设备的工作状态和有效性检查。

（3）环境控制设备检查

环境控制设备检查是对文物存放场所的环境控制设备进行检查和评估的过

程。包括温湿度控制设备、通风系统、除湿设备等环境控制设备的运行状态和效果检查。

4. 灾害隐患排查

（1）地质灾害隐患排查

地质灾害隐患排查是对文物存放地点可能存在的地质灾害隐患进行排查和识别的过程。包括滑坡、崩塌、地震等地质灾害隐患的识别和评估，采取相应的防范和治理措施。

（2）气象灾害隐患排查

气象灾害隐患排查是对文物存放地点可能存在的气象灾害隐患进行排查和识别的过程。包括台风、暴雨、雷电等气象灾害隐患的识别和评估，制定相应的防范和应对策略。

（3）水文灾害隐患排查

水文灾害隐患排查是对文物存放地点可能存在的水文灾害隐患进行排查和识别的过程。包括洪涝、水灾等水文灾害隐患的识别和评估，采取相应的防范和应对措施。

（四）专家评估与意见征询

1. 专家论证与意见征询

（1）专家论证会议

专家论证会议是组织相关领域的专家学者就灾害风险进行评估和意见征询的重要环节。在会议上，专家学者们针对文物保护场所存在的各类灾害风险展开深入的研讨和评估，围绕风险的来源、可能造成的影响、应对措施等方面提出专业化的意见和建议。会议的召开可以促进专家之间的交流与合作，汇聚各方智慧，为灾害风险评估提供科学依据。

（2）意见征询与调研

除了专家论证会议，还可以通过意见征询与调研的方式收集相关专家学者的意见和建议。通过书面征询或面对面交流的形式，邀请专家学者就灾害风险评估的相关问题进行意见表达和深入讨论。专家学者的意见征询可以使评估工作更加全面和准确，为制定应对策略提供重要参考。

2. 风险评估报告编制

（1）结合专家意见

在风险评估报告的编制过程中，需要充分结合专家意见和调查研究结果。将专家论证会议和意见征询的结果进行汇总和分析，整合各方意见，确保报告的专业性和权威性。

（2）描述灾害风险

风险评估报告应当详细描述文物保护场所存在的各类灾害风险。包括地质灾害、气象灾害、水文灾害等不同类型的风险，以及这些风险可能对文物保护造成的影响和损失。通过对风险的全面描述，可以为后续的应对措施提供依据。

（3）提出应对策略

风险评估报告应当提出针对性的应对策略和措施。根据灾害风险评估的结果，结合专家意见和调查研究，制定针对不同类型风险的具体防范和应对方案。这些方案应当包括灾前预防、灾中应对和灾后恢复等各个阶段的措施，以最大程度减少灾害可能造成的损失。

（4）技术指导和建议

除了应对策略，风险评估报告还可以提供技术指导和建议。例如，针对建筑结构的加固改造、消防设施的更新完善、环境监测设备的配备等方面提出具体的技术要求和建议，以提升文物保护场所的灾害防范能力和抗灾能力。

二、预防措施的制定与实施

（一）环境改善与设施更新

1. 根据评估结果采取措施

（1）灾害评估结果分析

在灾害评估结果的基础上，对文物储存和展示环境进行深入分析，识别出存在的薄弱环节和风险点。通过对各项灾害风险的评估，确定需要进行环境改善和设施更新的重点领域。

（2）制定针对性措施

根据评估结果，制定针对性的环境改善和设施更新措施。针对不同类型的灾害风险，采取相应的应对策略，例如加固建筑结构、改善通风设施、更新防火设备等，以提高文物保护场所的抗灾能力和应对能力。

2. 加固建筑结构

（1）结构安全隐患识别

通过对文物存放建筑的结构进行详细检查和评估，识别出存在的结构安全隐患，包括裂缝、变形、腐蚀等问题，为加固工作提供依据。

（2）加固处理方案设计

针对识别出的结构安全隐患，制定相应的加固处理方案。根据建筑结构的特点和问题严重程度，采取加固墙体、加固柱子、增加支撑等措施，提高建筑结构的抗震性能和承载能力。

3. 改善通风设施

（1）通风系统优化

对文物储存和展示场所的通风系统进行优化改造，确保空气流通畅通。通过增加通风口、调整通风设备的位置和布局，提高通风效果，防止空气污染和潮湿环境的产生，有助于文物保持良好的保存状态。

（2）空气质量监测

建立空气质量监测系统，定期对文物存放场所的空气质量进行监测和评估。根据监测结果，及时调整通风系统运行参数，确保空气质量达标，为文物提供良好的保存环境。

4. 更新防火设备

（1）设备更新计划

对现有防火设备进行全面检查和评估，确定设备更新的需求和范围。制定设备更新计划，包括更新灭火器、消防栓、自动喷水系统等防火设备，提高文物存放场所的防火能力。

（2）设备更新实施

根据设备更新计划，组织实施防火设备的更新工作。选择符合标准要求的新型设备，进行设备安装、调试和验收，确保设备能够正常运行，提高文物保护场所的火灾防范能力。

5. 环境监测系统建设

（1）系统规划设计

根据文物存放场所的特点和需求，规划设计环境监测系统。确定监测点位布设方案，选择合适的监测仪器和设备，确保监测系统能够全面、准确地监测环境参数。

（2）系统建设实施

组织环境监测系统的建设实施工作，包括设备采购、安装调试、系统联网等步骤。对监测数据进行实时采集和传输，建立数据存储和分析平台，实现环境监测数据的实时监控和分析。

（二）制定灾害应对预案

1. 多灾害类型覆盖

（1）地震灾害应对预案

地震作为一种常见的自然灾害，对文物保护工作具有严重的威胁。因此，制定地震灾害应对预案至关重要。在地震灾害应对预案中，需要考虑以下几个方面：

①地震监测与预警：建立地震监测预警系统，利用地震台网、地表运动监测等手段，实时监测地震活动，提前预警可能受影响的地区。

②建筑抗震能力提升：加强文物储存和展示场所的建筑抗震能力，通过结构加固、防震设备安装等措施，降低地震对文物建筑的破坏程度。

③地震应急疏散方案：制定地震应急疏散方案，明确人员疏散路线和疏散地点，确保文物保护人员和游客在地震发生时能够及时、有序地疏散到安全地带。

（2）火灾灾害应对预案

火灾是另一种常见的灾害类型，同样对文物保护工作构成严重威胁。为应对火灾灾害，需要制定火灾灾害应对预案，其中包括：

①火灾预防措施：加强火灾预防工作，包括安装火灾监测设备、定期检查消防设施等，以最大程度地减少火灾的发生可能。

②灭火器材和救援装备：配备专业的灭火器材和救援装备，包括干粉灭火器、灭火毯等，以应对突发火灾事件。

③火灾应急疏散方案：制定火灾应急疏散方案，明确各部门人员的疏散路线和集合地点，保障人员的安全撤离。

（3）水灾灾害应对预案

水灾是由暴雨、洪水等引发的灾害，对文物保护也带来了一定的威胁。为此，需要制定水灾灾害应对预案，其中包括：

①水灾监测与预警：建立水灾监测预警系统，密切关注气象预报和水位变化，提前预警可能受水灾影响的区域。

②防汛措施建设：加强防汛设施的建设，包括堤坝加固、排水管道清理等，提高抗洪能力，减少水灾可能造成的损失。

③水灾应急疏散方案：制定水灾应急疏散方案，确保文物保护人员和游客在水灾发生时能够及时、有序地疏散到安全地带。

（4）台风灾害应对预案

台风是热带气旋的一种，常常带来强风、暴雨、风暴潮等极端天气，对文物保护也构成一定威胁。为此，需要制定台风灾害应对预案，其中包括：

①台风预警和监测：利用气象监测设备和卫星遥感技术，实时监测台风路径和强度变化，及时发布台风预警信息。

②防风防浪措施：加强文物场所的防风和防浪设施建设，包括加固建筑物、清理周围环境等，以减少台风可能造成的损失。

③应急疏散和转移：制定台风应急疏散方案，明确疏散路线和疏散地点，保障人员和文物的安全。

2. 应急程序明确

（2）地震灾害应对预案

①地震监测与预警：地震监测预警系统应及时监测到地震活动，发出预警信号。

②建筑抗震能力提升：文物保护单位应在地震预警后立即采取加固措施，确保建筑物安全。

③地震应急疏散方案：人员按照疏散方案有序撤离至安全地点，文物保护人员及时启动文物转移计划。

（2）火灾灾害应对预案

①火灾预防措施：文物保护单位定期检查消防设施，保障设施的正常运行。

②灭火器材和救援装备：在火灾发生时，应立即启动消防设备，使用灭火器材进行初期扑救，确保火灾控制在初期。

③火灾应急疏散方案：文物保护单位应定期组织火灾疏散演练，提高人员疏散的效率和应对火灾的能力。

（3）水灾灾害应对预案

①水灾监测与预警：在水灾发生前，及时利用气象预报和水位监测数据发布预警信息，提醒相关单位做好防范准备。

②防汛措施建设：当水灾预警发布后，相关单位应立即启动防汛措施，加固堤坝、疏通排水管道等，减轻水灾可能带来的损失。

③水灾应急疏散方案：制定水灾应急疏散方案，明确人员疏散路线和安全集合点，保障人员生命安全。

（4）台风灾害应对预案

①台风预警和监测：当台风预警发布后，相关单位应加强对台风路径和强度的监测，随时关注台风的动态变化。

②防风防浪措施：在台风来临前，加固文物建筑，清理文物周围的危险物品，确保文物的安全。

③应急疏散和转移：制定台风应急疏散方案，组织人员疏散至安全场所，同时启动文物转移计划，将易受台风影响的文物转移到安全地点。

3. 协调配合机制

（1）部门职责和任务

文物保护机构负责文物保护工作的组织和协调，博物馆管理部门负责博物馆内部的安全管理，消防救援队伍负责突发灾害的救援工作。

（2）协调配合机制

建立跨部门的联合指挥体系，明确各部门的职责和任务，加强信息共享和协调配合，形成合力应对各种突发灾害。

（3）应急资源共享

建立应急资源共享机制，确保各单位在灾害发生时能够及时调配和共享应急资源，提高灾害应对的效率和水平。

4. 定期演练和修订

（1）灾害应急演练

定期组织灾害应急演练，检验预案的实施效果，提高各单位的灾害应对能力和水平。

（2）问题发现和修订

根据演练结果和实际经验，发现预案存在的问题和不足之处，及时修订和完善预案，提高应对灾害的能力和效率。

（3）经验总结和分享

定期组织应急经验总结会议，分享成功的经验和教训，提高各单位的灾害应对能力和水平。

（三）人员培训与演练

1. 灾害应急培训

（1）灾害类型的认知

①地震灾害：培训内容包括地震的成因、地震监测预警系统、地震对建筑物

和文物的影响等，使文物保护人员了解地震灾害的特点和应对措施。

②火灾灾害：培训内容涵盖火灾的危害、火灾预防措施、火灾扑救技巧等，使文物保护人员具备应对火灾灾害的基本知识和技能。

③水灾灾害：培训内容包括水灾的类型、预警机制、应对措施等，使文物保护人员了解水灾灾害的特点和应急处理方法。

（2）应急程序的熟悉

①灾害应急预案：培训人员熟悉文物保护单位的灾害应急预案，包括预警机制、应急疏散方案、人员责任分工等，提高应对灾害的准备和应对能力。

②紧急通信与报警：培训人员掌握紧急通信和报警的方法和程序，以便在灾害发生时能够及时报警求助，保障人员和文物的安全。

（3）应急措施的掌握

①急救技能：培训人员学习基本的急救知识和技能，如心肺复苏、止血包扎等，以应对突发事件中可能发生的伤害情况。

②文物保护措施：培训人员学习文物保护的基本知识和技能，包括文物的分类、包装、转移等，以确保在灾害发生时能够有效保护文物的安全。

2. 模拟演练活动

（1）场景模拟

①地震灾害场景：组织地震模拟演练活动，模拟地震发生时文物保护单位的情景，检验人员的地震应急处置能力。

②火灾灾害场景：模拟火灾发生时的应急处置过程，包括火场逃生、火灾扑救等，提高人员的火灾应对能力。

③水灾灾害场景：模拟水灾发生时的应急处置情景，包括疏散撤离、应急救援等，检验人员在水灾中的应对能力。

（2）团队协作

①指挥协调：模拟演练中设立指挥部，负责统一指挥和协调各部门的应急处置工作，检验指挥协调能力。

②分工配合：模拟演练中明确人员的分工和任务，加强团队协作，提高应对灾害的整体效能。

3. 知识普及与培训

（1）灾害防范知识普及

①宣传教育：开展文物灾害防范知识的宣传教育活动，向社会公众普及文物

保护的重要性和方法，增强公众的防灾意识。

②培训讲座：组织文物灾害防范培训讲座，邀请专家学者介绍文物保护的基本知识和技能，提升社会公众的应对能力。

（2）志愿者培训

①招募培训：招募文物保护志愿者，并进行培训，使其掌握基本的文物保护知识和技能，参与文物保护工作。

②实战演练：组织文物保护志愿者参与模拟演练活动，提高其应对突发事件的实战能力，增强文物保护的力量。

第二节　突发事件下的文物应急保护方案

一、不同突发事件下的应急保护方案设计

在面对不同突发事件时，制定针对性的应急保护方案至关重要，以下是针对火灾、水灾、地震以及其他突发事件的应急保护方案设计：

（一）火灾应急保护方案

1. 火灾预警机制

在文物储存和展示场所建立火灾监测预警系统，这一系统不仅需要覆盖建筑内部，还应覆盖周边环境。具体而言，监测系统应包括以下几个方面：

（1）烟雾探测器和火灾报警器

采用先进的烟雾探测技术，如光电离式烟雾探测器，可提高探测精度和速度，及早发现火灾迹象。同时，配备火灾报警器，实现对监测到的火灾信息的及时传递。

（2）温度监测装置

不同于一般的温度传感器，须考虑文物的特殊性，选择对文物材质不产生影响的温度监测装置，以便实时监测温度变化，预防因温度升高引发的火灾。

（3）气体监测装置

除常规的烟雾探测外，还应考虑一些特殊气体，如 CO（一氧化碳），其浓度的变化往往也能作为火灾发生的前兆，因此应考虑在监测系统中引入 CO 监测装置。

（4）视频监控系统

结合智能算法，实现对火灾迹象的视觉识别，提高火灾预警的准确性和及时性。

2. 火灾防范设施建设

在文物储存和展示场所，除了建立火灾监测预警系统外，还需加强火灾防范设施的建设。这包括：

（1）消防设施的全面配备

除了常规的灭火器和消防栓外，还应考虑配备自动喷水灭火系统，特别是在容易发生火灾的区域，如厨房、电气设备房等，以最大程度地提高扑灭火灾的速度和效率。

（2）防火隔离设施

对于储存文物的仓库，应考虑设置防火隔离带，以防止火势扩散。同时，还应对建筑结构和装修材料进行防火设计和选择，减少火灾的可能发生和蔓延。

（3）定期检查和维护

确保消防设施的正常运行，定期进行消防设施的检查和维护，保证在火灾发生时能够及时投入使用。

3. 应急疏散方案

制定文物应急疏散方案是保障人员安全的重要举措。在制定疏散方案时，应考虑以下几个方面：

（1）人员疏散路线的规划

根据建筑结构和火灾情况，规划合理的疏散路线，避开火源和烟雾，确保疏散通道畅通无阻。

（2）疏散指示标识

在建筑内设置明确的疏散指示标识，以便人员在火灾发生时快速找到疏散出口。

（3）疏散演练

定期组织疏散演练，提高人员的应急疏散能力和应对火灾的自救能力，确保在火灾发生时能够迅速有序地撤离现场。

4. 灭火器材和救援装备

配备专业的灭火器材和救援装备是应对火灾的重要保障措施。具体应考虑：

（1）干粉灭火器

作为灭火器材的主力装备，应确保干粉灭火器的种类齐全，并定期进行检查和维护，以保证其使用效果。

（2）灭火毯

用于扑灭起初火灾，尤其适用于燃烧物表面火灾，如衣物、文件等，应保证灭火毯的数量和位置的合理设置，方便人员使用。

（3）呼吸器材

在火灾救援中，烟雾和有毒气体往往是造成伤亡的主要原因之一，因此应考虑配备呼吸器材，保障救援人员在有毒环境中的呼吸安全。

（二）水灾应急保护方案

1. 水灾监测预警系统

水灾监测预警系统的建立是保护文物和人员安全的首要任务。这一系统应综合利用气象预报、水文监测和遥感技术，实现对水灾可能影响区域的实时监测和预警。具体措施包括：

（1）气象预报和水位监测：密切关注气象预报，特别是降雨情况，结合水位监测数据，及时预警可能发生水灾的地区。

（2）遥感技术应用：利用遥感技术获取水灾影响区域的实时影像，识别可能的洪涝点，为水灾应急响应提供数据支持。

（3）预警信息发布：建立健全的预警信息发布机制，及时向文物保护单位和公众发布水灾预警信息，提醒相关人员采取应急措施。

2. 防汛措施建设

加强防汛措施建设是减少水灾损失的重要举措。这需要从防洪工程、排水系统等方面进行全面加固和改造，以提高抗洪能力。具体措施包括：

（1）堤坝加固：对河道两岸的堤坝进行加固和修复，确保其能够承受可能的洪水冲击。

（2）排水系统清理：对于排水管道、沟渠等进行清理和疏通，确保排水系统畅通，避免因积水导致的水灾。

（3）水库调度管理：对水库进行科学调度管理，合理控制水位，降低水库溃坝的风险，减轻下游地区的洪灾压力。

3. 水灾应急疏散方案

制定水灾应急疏散方案是保障文物保护人员和游客安全的关键措施。在制定疏散方案时，应考虑以下几个方面：

（1）安全疏散路线规划：根据水灾可能影响区域的特点，规划安全疏散路线，确保人员能够迅速有序地撤离危险区域。

（2）疏散指示标识设置：在文物保护单位内设置明确的疏散指示标识，指示人员疏散方向和安全出口。

（3）定期演练：定期组织水灾疏散演练，提高文物保护人员和游客的应急疏散能力，确保在水灾发生时能够做出正确的应对和反应。

4. 文物应急抢救队伍

组建专业的文物应急抢救队伍是保护文物安全的重要保障措施。这一队伍应包括具备相关专业知识和技能的人员，并配备必要的抢救工具和装备。具体措施包括：

（1）专业人员培训：培训队伍成员具备文物保护、抢救和转移的专业知识和技能，提高应对水灾的能力。

（2）抢救工具和装备配备：配备文物抢救所需的工具和装备，包括防水材料、搬运工具等，以确保在水灾发生时能够及时展开抢救工作。

（3）应急响应机制：建立健全的应急响应机制，确保在水灾发生时能够迅速调动抢救队伍，开展文物抢救和转移工作。

（三）地震应急保护方案

1. 地震监测预警系统

地震监测预警系统的建立是地震应急保护的首要措施之一。该系统应结合地震学、地质学和地震工程学知识，采用多种监测手段，包括地震台网、地面运动监测、地下水位监测等，以实现对地震活动的实时监测和预警。具体扩展内容包括：

（1）地震台网建设：在可能受到地震影响的地区建设密集的地震台网，以监测地震活动的时空分布，实现对地震的及时准确监测。

（2）地面运动监测：利用地面运动监测仪器，如加速度计、位移计等，监测地表运动情况，提前预警地震可能造成的地表变形和破坏。

（3）地下水位监测：地下水位的变化与地震活动有一定关联，建立地下水位监测系统，可以作为地震预警的重要指标之一，提高地震监测预警的准确性和可靠性。

2. 提高建筑抗震能力

加强文物储存和展示场所的建筑抗震能力是地震应急保护的核心措施之一。这需要对建筑进行结构加固和改造，以提高其抗震性能。具体扩展内容包括：

（1）结构加固：对建筑的主体结构进行加固，采用钢筋混凝土加固、钢结构加固等技术手段，提高建筑的整体稳定性和抗震能力。

（2）防震设备安装：在建筑中安装防震设备，如减震支座、隔震墙等，减少地震对建筑的冲击和损坏。

（3）建筑材料选择：在建筑材料的选择上，优先选择抗震性能好的材料，如钢结构、轻质砖等，降低地震灾害可能造成的损失。

3. 地震应急疏散方案

制定地震应急疏散方案是保障人员和文物安全的重要举措。该方案应结合建筑结构、地震风险等因素，明确疏散路线和疏散地点，以最大程度地保障人员和文物的安全。具体扩展内容包括：

（1）疏散路线规划：根据建筑结构和地震风险评估结果，制定合理的疏散路线，避开可能受损的区域，确保人员和文物能够安全疏散。

（2）疏散地点设置：确定安全的疏散地点，如开阔场地、安全楼层等，提前做好准备工作，以便地震发生时及时疏散人员和文物。

4. 文物固定与防护措施

对文物进行固定和防护是地震应急保护的重要内容之一。这需要采取一系列措施，防止文物在地震中受损或丧失。具体扩展内容包括：

（1）文物固定：对易受地震影响的文物进行固定，采用支撑架、固定夹等固定装置，防止文物在地震中发生位移或倒塌。

（2）展柜加固：加固文物展柜，增加展柜的稳定性和抗震性能，防止地震造成的展柜破坏和文物损失。

（3）缓冲材料应用：在文物周围铺设缓冲材料，如泡沫塑料、海绵等，减少地震对文物的冲击和摩擦，保护文物的完好性。

二、应急措施的实施与效果评估

（一）应急预警和启动

在突发事件发生时，应急预警和启动是确保应急措施有效实施的关键环节。应急预警机制的启动是基于完善的灾害监测预警系统，该系统通过多种监测手段，如地震监测、气象预报、水文监测等，对可能发生的突发事件进行实时监测和预警。一旦监测到可能发生的突发事件，系统立即发出预警信号，启动应急机制。

在收到预警信号后，相关部门和人员应迅速响应，按照预先制定的应急预案执行相应的应急措施。首先，各级应急管理部门应立即启动应急响应，组织人员开展应急处置工作。其次，相关部门和单位应当根据预警信息，及时采取必要的防范措施，保障人员生命安全和财产安全。例如，在地震预警下，可以启动地震避难疏散计划，组织人员疏散到安全地带。在气象预警下，可以提前做好防灾准备工作，加固建筑物、清理排水系统等，以减少灾害损失。

应急预警和启动还需要与公众进行及时有效地沟通和信息发布。相关部门应及时向公众发布预警信息，并提供应对突发事件的指导和建议，引导公众采取适当的自我保护措施。同时，应建立健全的信息共享机制，确保各部门之间、各级政府之间以及与公众之间的信息畅通，提高信息的及时性和准确性，增强社会应急管理的整体效能。

（二）应急救援和保护

在应急预警机制启动后，应急救援和保护工作是确保人员生命安全和文物完整的关键环节。这一阶段的工作需要快速响应和高效调度，以最大程度地减少灾害造成的损失。

1. 快速响应和调度

启动应急通知后，相关人员应立即响应并到岗，启动应急救援工作。此时需要快速调度应急队伍和救援装备，确保能够迅速组织起来，投入应急救援行动中。调度工作应该高效有序，确保救援队伍能够迅速到达灾区，并展开救援行动。

2. 文物转移和保护

对受威胁的文物进行紧急转移和保护是应急救援和保护工作的重要任务之一。根据预案确定转移路径和目的地，组织专业人员和救援队伍，采取安全有效的方式将文物转移至安全地带。在文物转移过程中，应注意文物的稳定性和安全性，避免二次损坏。

同时，针对无法转移的文物，需要采取必要的保护措施。这包括加固建筑结构、搭建防护设施等，确保文物在灾害发生期间得到最大程度的保护。

3. 固定和包装

对于无法转移的文物，需要进行固定和包装，以减少在灾害中的损坏。采用适当的固定装置和包装材料，对文物进行稳固固定，防止在地震或其他灾害中发生移动或倾倒。同时，选择合适的包装材料，如泡沫塑料、气泡纸等，将文物包裹好，防止在震荡和摩擦中受损。

通过以上应急救援和保护工作，可以最大程度地减少突发事件对人员和文物的影响，保障生命安全和文物完整。同时，这也需要各级应急救援机构和文物保护单位密切协作，充分发挥专业人员和救援队伍的作用，共同应对突发事件带来的挑战。

（三）应急处置和恢复

在突发事件得到控制后，应立即展开应急处置和恢复工作，尤其是对受损文物的清理、抢救、恢复和修复工作，是保护文物安全和完整的关键环节。

1. 受损文物清理和抢救

对受损文物进行初步清理和抢救是应急处置和恢复工作的首要任务。这一阶段的工作主要包括：

（1）现场清理：清理现场，清除威胁文物安全的残骸和杂物，为文物抢救和修复工作创造良好的条件。

（2）文物抢救：尽可能挽救受损文物，对于受损程度较轻的文物，可以直接进行抢救，移至安全地带暂时存放；对于受损严重的文物，可以进行初步保护，以待后续修复。

在进行受损文物的清理和抢救工作时，需要注意文物的种类和材质，采取合适的保护措施，避免二次损坏。

2. 恢复和修复

制定文物恢复和修复方案，采取必要措施进行文物修复和恢复工作，是应急处置和恢复工作的重要内容。这一阶段的工作需要结合文物的具体情况和受损程度，进行细致地修复和保护。

（1）恢复方案制定：根据受损文物的种类、材质和受损程度，制定恢复方案，明确修复目标和工作步骤，确保文物修复工作有条不紊地进行。

（2）专业修复工作：文物修复工作需要由专业的文物修复人员进行，他们具有丰富的修复经验和专业知识，能够对文物进行细致地修复和保护。修复过程中需要注意使用合适的修复材料和工具，确保修复效果和文物的原真性。

（3）定期检查和保护：修复完成后，需要对文物进行定期检查和保护，确保文物长期保存和展示的安全性和稳定性。

（四）效果评估与总结经验

完成应急保护和救援工作后，对工作效果进行评估、总结经验和教训，并进行调整和改进，是保障文物安全和完整的重要环节。

1. 效果评估

应急保护和救援工作的效果评估是对整个应急响应过程的客观评价，需要综合考虑多个方面的因素，包括：

（1）文物损失程度：评估突发事件对文物的影响程度，包括受损和丧失的文物数量、价值、重要性等。

（2）救援效率：评估应急救援工作的快速响应程度、组织协调能力和救援行动的效率，包括救援队伍的到达时间、救援工作的展开情况等。

（3）应对措施效果：评估应对突发事件采取的各项应急措施的实际效果，包括疏散和转移工作、文物固定和保护工作等的有效性。

通过对以上方面进行综合评估，可以客观地了解应急保护和救援工作的整体效果，为后续的经验总结和改进提供依据。

2. 经验总结

经验总结是对应急保护和救援工作中所取得成绩、遇到问题以及采取的应对措施的全面梳理和总结。主要包括以下几个方面：

（1）成果和亮点：总结应急保护和救援工作中取得的成果和亮点，包括成功转移和保护的文物数量、救援队伍的高效行动、各部门之间的良好协作等。

（2）问题和不足：分析工作中存在的问题和不足，如预警机制不够及时、应急救援队伍配备不足、文物保护措施不够完善等。

（3）应对措施：总结应对问题的措施和方法，如加强预警机制建设、提升救援队伍的能力和装备、完善文物保护方案等。

经验总结的目的是从过去的经验中吸取教训，为今后的应急保护工作提供指导和借鉴。

3. 调整和改进

根据效果评估和经验总结的结果，及时调整和改进应急预案和措施，提高文物应急保护的水平和能力。主要包括：

（1）预案修订：根据评估结果和经验总结，对现有的应急预案进行修订和完善，强化应急措施的针对性和实用性。

（2）能力建设：加强应急救援队伍和专业人员的培训和能力建设，提高其应对突发事件的应急反应能力。

（3）技术装备更新：更新和升级应急救援所需的技术装备和工具，保障应急救援工作的高效展开。

通过调整和改进，不断提升文物应急保护工作的能力和水平，更好地应对各类突发事件的挑战，保障文物的安全和完整。

第三节　危机管理与文物抢救救援

一、危机管理机制的建立与完善

（一）建立危机管理组织架构

1. 设立危机管理部门

在博物馆或文物保护单位内部建立专门的危机管理部门，明确其组织架构和职责分工。该部门应由具有相关专业知识和经验的人员组成，包括危机管理专家、安全管理人员、公共关系人员等。

2. 明确组织架构和职责

在危机管理部门内部建立清晰的组织架构和职责分工，包括：

（1）危机管理领导小组：负责危机管理工作的决策和指导，由单位领导或相关主管负责。

（2）危机管理工作组：负责具体的危机管理工作，包括危机预警、应急处置、信息发布等，人员须具备相应的专业技能和应急处理经验。

（3）协调沟通组：负责与外部相关部门、机构和媒体的沟通协调，保障信息的及时传递和应对措施的有效实施。

（4）后勤保障组：负责危机管理工作所需的后勤保障和资源调配，确保应急工作的顺利进行。

（二）制定危机管理计划

1. 建立危机管理框架

制定危机管理计划，建立完善的危机管理框架，包括确定危机管理的基本原则、目标和工作重点，为应对各类突发事件提供指导。

2. 明确预警机制

在危机管理计划中明确灾害应急预警机制，包括建立健全的灾害监测预警系统、确定预警信号发布程序和责任单位，提高对潜在危机的感知和应对能力。

3. 制定应急处置方案

制定危机事件的应急处置方案和预案，明确各类危机事件的处置程序、责任人员和应对措施，确保在突发事件发生时能够迅速、有序地展开应急救援和处置工作。

4. 建立信息发布机制

建立健全的信息发布机制，包括危机事件信息的采集、核实和发布程序，确保信息的及时准确传达给相关人员和社会公众，维护良好的公共舆论环境。

（三）建立应急指挥中心

1. 配备专业指挥人员

建立应急指挥中心，配备专业的指挥人员和应急设备，负责危急事件的指挥调度和应急救援工作。指挥人员应具备丰富的应急处理经验和卓越的决策能力，能够在紧急情况下迅速做出正确的决策。

2. 建立指挥调度系统

建立完善的指挥调度系统，包括信息收集、指挥调度、信息发布等环节，实现对危机事件的全程指挥和控制。指挥中心应配备先进的通信设备和信息系统，确保信息的及时传递和指挥调度的高效运作。

3. 加强协同合作

加强与相关部门、机构和单位的协同合作，建立起多方联动的应急救援体系，共同应对突发事件带来的挑战。指挥中心应加强与公安、消防、医疗等部门的协调配合，形成合力应对各类突发情况的能力。

二、文物抢救救援工作的组织与实施

（一）建立文物抢救救援队伍

1. 构建专业队伍

在文物保护单位内部或相关文物保护组织中建立专业的文物抢救救援队伍是确保文物在突发事件中得到有效保护的重要举措。这一队伍应由具备专业知识和技能的成员组成，他们将在突发事件中展开文物抢救和救援工作，保障文物的安全和完整。

（1）文物保护专家

文物保护专家是文物抢救救援队伍中的核心成员，他们具有丰富的文物保护知识和经验，能够对受损文物进行准确评估和抢救处理。他们的主要职责包括：

①文物评估：对受损文物进行细致的评估和鉴定，分析文物受损程度和原因，制定合理的抢救方案。

②抢救指导：指导抢救人员进行文物抢救工作，提供专业支持和技术指导，确保抢救工作的顺利进行。

③文物修复：根据文物的具体情况，制定文物修复方案，进行文物的修复和保护工作，尽可能恢复文物的原貌和功能。

（2）抢救人员

抢救人员是文物抢救救援队伍中的实际操作人员，他们具备抢救文物的实际操作能力，包括文物搬运、清理、包装等技能。他们的主要职责包括：

①文物搬运：根据文物的特点和受损程度，制定合理的搬运方案，进行文物的搬运和转移工作，确保文物的安全。

②清理工作：对受损文物进行清理和整理工作，清除附着在文物表面的污物和杂物，保护文物的原貌和完整性。

③包装保护：根据文物的材质和形状，选择合适的包装材料和方式，对文物进行包装保护，防止进一步受损。

（3）搬运工

搬运工是文物抢救救援队伍中的重要成员，他们负责协助抢救人员进行文物搬运和运输，确保文物安全转移。他们的主要职责包括：

①搬运协助：根据抢救人员的指导，协助进行文物搬运工作，采取正确的搬运方式和手段，确保文物搬运过程中不受损坏。

②运输安全：确保文物在运输过程中的安全，选择合适的运输工具和路线，采取必要的保护措施，防止文物受到外部冲击和损坏。

2. 建立抢救救援队伍管理机制

建立文物抢救救援队伍管理机制是确保队伍高效运作和协同配合的重要措施。该管理机制应包括组织架构、职责分工、工作流程、成员培训计划和考核机制等内容，以确保队伍具备专业水平和抢救救援能力。

第一，对于组织架构，应明确队伍的领导机构和基层组织结构。领导机构由专业文物保护机构的领导负责，负责制定队伍的整体发展战略和方针政策。基层组织结构则根据实际情况设立，包括各级队伍领导、抢救组、后勤支援组等，以实现队伍内部的分工协作。

第二，对于职责分工，应明确各级领导和队伍成员的职责和权限。领导机构负责决策和指导工作，抢救组负责具体抢救任务的执行，后勤支援组负责提供后勤保障和资源支持。同时，还应确定专业文物保护专家、抢救人员和搬运工等队伍成员的具体职责和工作任务，确保每个人员在抢救救援工作中发挥应有的作用。

第三，针对工作流程，应建立起一套科学规范的抢救救援工作流程。这包括突发事件应急响应流程、文物抢救工作流程、抢救救援现场指挥流程等，确保抢救救援工作有序进行，减少混乱和失误。

第三，针对队伍成员的培训计划和考核机制，应制定全面系统的培训计划，包括专业知识培训、实际操作技能培训、危机处理能力培训等，以提升队伍成员的综合素质和抢救救援能力。同时，建立起严格的考核机制，对队伍成员进行定期考核评估，发现问题及时进行纠正和改进，确保队伍的专业水平和执行力。

（二）组织抢救救援演练

1. 定期演练计划

制定文物抢救救援演练计划是确保队伍成员在突发事件中能够迅速、有效地展开抢救救援工作的重要举措。演练计划应包括演练时间、地点、内容和参与人员等方面的具体安排，以确保队伍成员能够定期进行抢救救援演练。定期演练可以帮助队伍成员熟悉抢救救援工作流程，提高应急反应能力和抢救效率。

2. 模拟突发情况

在抢救救援演练中，需要模拟各种突发情况，如火灾、地震等，让队伍成员迅速进入应急状态，展开文物抢救救援工作。通过模拟突发情况，可以让队伍成员更加真实地感受到突发事件的紧急性和复杂性，提高应对突发事件的能力和水平。此外，演练还可以帮助队伍成员发现和解决问题，完善抢救救援方案，提高队伍的整体应急响应能力。

3. 评估和总结

每次演练结束后，应进行评估和总结，分析演练中存在的问题和不足，并及时调整和完善抢救救援方案。评估内容包括演练过程中的各个环节，如应急响应速度、组织协调能力、抢救救援效率等。通过评估和总结，可以发现演练中存在的问题，及时进行改进和提高，进一步提升队伍的应急反应能力和抢救效率。

定期组织文物抢救救援演练是提高队伍成员应急响应能力和抢救效率的关键措施。通过科学合理的演练计划、模拟突发情况和评估总结，可以不断提升队伍的整体素质和抢救能力，确保文物在突发事件中得到及时有效地保护和抢救。

（三）建立文物抢救救援网络

1. 建立合作机制

建立文物抢救救援的合作机制是确保在突发事件中能够快速、有效地展开抢救救援工作的重要步骤。这一合作机制应该涵盖各相关单位和机构，包括公安部门、消防救援队、文物保护组织等。具体来说，可以建立跨部门的联合指挥机构或协调小组，负责统一指挥和协调抢救救援工作。此外，还可以签订合作协议或备忘录，明确各方在文物抢救救援工作中的职责和义务，确保各单位间的密切配合和协同行动。

2. 建立信息共享平台

建立文物抢救救援信息共享平台是提高抢救救援工作效率和效果的关键举措。这一平台可以整合各相关单位和机构的资源和信息，实现资源共享和信息互通。平台可以包括实时监测系统、应急响应系统、数据管理系统等，用于收集、处理和传输抢救救援相关的信息。通过建立信息共享平台，可以提高各单位对突发事件的感知能力，加强抢救救援工作的组织和协调，提高抢救救援工作的响应速度和效果。

3. 加强培训交流

加强文物抢救救援的培训交流是提升整体应对能力的关键举措。定期组织文物抢救救援培训和交流活动，可以提升队伍成员的专业水平和抢救救援能力。培训内容可以包括突发事件的应急响应流程、文物抢救救援技术和方法、危机处理和应对策略等。通过培训交流，可以增强队伍成员之间的沟通和协作能力，提升整体抢救救援工作的效率和效果。

　　，建立文物抢救救援网络是确保文物在突发事件中得到及时有效保护的重要举措。通过建立合作机制、建立信息共享平台和加强培训交流，可以提高各相关单位和机构之间的协同配合能力，提升文物抢救救援工作的整体水平和效果，确保文物在突发事件中得到妥善保护和抢救。

参考文献

[1] 冯乃恩.博物馆数字化建设理念与实践综述——以数字故宫社区为例 [J].故宫博物院院刊，2017（1）：108-123+162.

[2] 陈静.数字人文知识生产转型过程中的困境与突围 [J].文化研究，2018（2）：171-185.

[3] 宋向光.缪斯的献祭：知识，抑或信息——信息时代博物馆产出及博物馆与观众的关系 [J].中国博物馆，2008，96（03）：65-70.

[4] 李阳生，杜九明，周伟.殷墟古遗迹：保护与展示的智慧 [J].中国文化遗产，2006（3）：54-59.

[5] 巫鸿.以艺术的名义：破坏与重构 [J].美术大观，2022（3）：20-27.

[6] 柴秋霞，于小雅.打虎亭汉墓异禽怪兽条幅壁画艺术价值初探 [J].郑州轻工业大学学报（社会科学版），2021，22（2）：76-83.

[7] 柴秋霞，叶丹妮.新密打虎亭汉墓壁画中的服饰探析 [J].中原文物，2021（2）：74-79.

[8] 吴健.壁画类文化遗产的数字化发展——以敦煌莫高窟为例 [J].中国文化遗产，2016（2）：34-38.

[9] 申桂云.谈馆藏藏品保管工作中的预防性保护——辽宁省博物馆馆藏藏品的预防性保护措施 [J].辽宁省博物馆馆刊，2015：218—226.

[10] 王健.谈博物馆藏品的管理、保护与利用 [J].中国民族博览，2016（01）.

[11] 韦春凤.浅谈馆藏文物预防性保护措施 [J].文物鉴定与鉴赏，2019（07）：66—67.

[12] 刘英英.论中小型博物馆藏品的预防性保护——以泉州市博物馆为例 [J].中国民族博览，2019（12）：206—207，234.

[13] 冯楠.浅论博物馆藏品的预防性保护 [J].边疆考古研究，2017（02）：377—384.

[14] 张伟.热电技术对博物馆青铜器文物保护的可行性探讨 [J]. 文物鉴定与鉴赏，2019（8）：124-125.

[15] 曹丽梅.基层文物保护管理工作的现状与对策 [J]. 文物鉴定与鉴赏，2019（13）：45-46.

[16] 高凯.做好博物馆馆藏文物保护管理工作的研究探讨 [J]. 东方收藏，2019（13）：12-13.

[17] 黄世珍.数字化技术在博物馆文物保护工作中的思考分析 [J]. 青春岁月，2020（14）：440.

[18] 窦彩彩.数字化技术在博物馆文物保护工作中的相关思考 [J]. 文物鉴定与鉴赏，2020（3）：102-103.

[19] 刘嫣歆.浅谈文物数字化保护及利用—以鸿山遗址博物馆为例 [J]. 数字化用户，2019（46）：108.

[20] 王静.博物馆文物保护管理工作的现实意义及策略 [J]. 文物鉴定与鉴赏，2019（17）：134-135.

[21] 杨姣.浅析基层博物馆精品文物的数字化保护与管理—以高台县博物馆为例 [J]. 文物鉴定与鉴赏，2019（4）：101.

[22] 朱敏.中小型博物馆的数字化博物馆建设探析—以常州博物馆为例 [J]. 东南文化，2020（3）：183-188.

[23] 赵龙.试论信息化管理在博物馆文物保护与开发利用中的创新应用 [J]. 文物鉴定与鉴赏，2017（9）：106-108.

[24] 刘家豪，朱伟鹏.基于共词聚类的我国数字博物馆发展态势可视化研究 [J]. 科普研究，2019（3）：36-48，57，111.

[25] 陈禹.文物藏品的数字化保护——以黑龙江省博物馆数字化保护为视角 [J]. 黑龙江社会主义学院学报，2015（2）：2-3.